"一带一路"沿线国家知识产权工作指引丛书

# 印度知识产权工作指引

汪 洪 ◉ 主编

知识产权出版社
全国百佳图书出版单位
—北京—

图书在版编目（CIP）数据

印度知识产权工作指引/汪洪主编. —北京：知识产权出版社，2020.6
（"一带一路"沿线国家知识产权工作指引丛书）
ISBN 978 - 7 - 5130 - 6949 - 6

Ⅰ.①印… Ⅱ.①汪… Ⅲ.①知识产权制度—研究—印度 Ⅳ.①D935.134

中国版本图书馆 CIP 数据核字（2020）第 087949 号


责任编辑：李芸杰　　　　　　　　　责任校对：潘凤越
封面设计：韩建文　　　　　　　　　责任印制：刘译文


"一带一路"沿线国家知识产权工作指引丛书

印度知识产权工作指引

汪　洪　主编

| | |
|---|---|
| 出版发行：**知识产权出版社** 有限责任公司 | 网　　址：http：//www. ipph. cn |
| 社　　址：北京市海淀区气象路 50 号院 | 邮　　编：100081 |
| 责编电话：010 - 82000860 转 8739 | 责编邮箱：liyunjie2015@ 126. com |
| 发行电话：010 - 82000860 转 8101/8102 | 发行传真：010 - 82000893/82005070/82000270 |
| 印　　刷：天津嘉恒印务有限公司 | 经　　销：各大网上书店、新华书店及相关专业书店 |
| 开　　本：720mm×1000mm　1/16 | 印　　张：13 |
| 版　　次：2020 年 6 月第 1 版 | 印　　次：2020 年 6 月第 1 次印刷 |
| 字　　数：200 千字 | 定　　价：68.00 元 |

ISBN 978 -7 -5130 -6949 -6

# 编委会

# 引　言

印度作为世界人口第二大国，"金砖五国"之一，经济发展迅速，市场潜力巨大，吸引了越来越多的中国企业。据印度商业信息统计署与印度商务部统计，2018 年 1—6 月，印度与中国双边货物进出口额为 451.5 亿美元，同比增长 14.2%。其中，印度对中国出口 79.1 亿美元，同比增长 36.6%；从中国进口 372.4 亿美元，同比增长 10.4%。印度对中国的贸易逆差 293.3 亿美元。

印度对中国出口的主要商品为矿产品、化工产品、纺织品及原料，2018 年 1—6 月三者的出口额分别为 22.6 亿美元、17.2 亿美元和 9.1 亿美元，同比各增长 35.0%、94.2% 和 34.1%，占印度对中国出口总额的 28.6%、21.8% 和 11.5%。

印度从中国进口的主要商品为机电产品、化工产品、贱金属及制品，2018 年 1—6 月三者的进口额分别为 192.4 亿美元、64.6 亿美元和 24.5 亿美元，同比各增长 1.3%、34.9% 和 11.3%，占印度从中国进口总额的 51.7%、17.3% 和 6.6%。

近年来，中国向印度出口贸易规模不断增大，然而随着贸易往来的频繁，中印双边贸易摩擦频频发生。尤其在 2008 年金融危机后，由于欧美市场需求降低，印度依靠出口的中小企业生存艰难。为了保护本土企业，印度政府不断运用反倾销和知识产权保护等措施对进入印度的企业施压，特别是中国企业，因此中国向印度出口的增长率并不稳定，存在一定的波动。

相比于欧盟、美国、日本等发达国家或地区，印度目前不是中国对外贸易最主要的国家，但也越来越重要。虽然中印双边贸易往来有起伏性和不平衡性，但长期来看，中印双边贸易额占中国对外贸易额的比重，以及占印度对外贸易额的比重呈上升的趋势。

同时，随着"一带一路"倡议的实施，作为"一带一路"沿线国家的印度成为中国企业继欧、美、日、韩等的又一主要海外专利目的国。

本指引旨在从中国企业在印度开展知识产权创造、保护、管理和运用等角度梳理中印知识产权保护法律法规和工作实践中的区别，为中国企业在印度开展知识产权相关活动和进行风险防范提供参考。具体地，本指引将着重从印度知识产权的申请途径、基本流程以及相关诉讼注意事项等方面研究印度的知识产权保护制度，目的是帮助中国的企业和读者了解印度知识产权环境，掌握印度知识产权各相关制度的内容，提高在印度保护知识产权的效率，规避经营风险。

本指引对印度知识产权的研究主要包括印度的专利权、外观设计权和商标权三种，其中专利权是目前中国企业在印度开展的知识产权工作实践中需要保护和运用较多的知识产权类型。因此本指引更着重介绍印度专利权，且此部分所占篇幅相对较大。由于成书时间短，难免会有错漏，不妥之处，敬请批评指正。

编者

2020 年 1 月

# 目　录

# 印度知识产权概况

## 1.1 印度知识产权制度发展历程

印度是一个由多民族组成的、有着丰富发展史的国家。在发展过程中，印度的知识产权也随着历史的变迁，不断地完善和更新，并逐渐变得成熟。为了实现对知识产权的保护，印度司法部门、行政管理部门以及民间团体积极互动、密切配合，形成了"立法作保障，司法、行政、民间三方积极互动、紧密配合"的知识产权保护体系。

印度知识产权制度建设起步较早，比中国早 100 多年，目前已形成颇具其本国特色且相对趋于成熟的知识产权法律体系。印度与大多数"英联邦"国家一样，其知识产权制度框架基本上源于英国。作为英国的前殖民地，印度知识产权立法深受英国影响，部分殖民时期英国统治者制定的法律一直沿用至 20 世纪 70 年代。印度现行知识产权法律包括《印度专利法》（2005）、《印度外观设计法》（2000）、《印度商标法》（1999）、《印度版权法》（1999）、《印度地理标志产品（注册与保护）法》（1999）等。在国际层面，印度也加入了多个知识产权国际组织和条约，例如，1975 年 5 月 1 日印度加入世界知识产权组织（WIPO），1998 年 12 月 7 日同时加入《专利合作条约》（PCT）和《保护工业产权巴黎公约》（以下简称《巴黎公约》）等。

此外，为跟上知识产权制度发展的国际趋势，适应本国经济发展和经济全球化进程，印度适时地修改、完善相关法律法规，但是无论是对哪种类型的知识产权法律进行何种程度的修改，印度始终坚持"履行国际承诺的同时坚决维护国家利益"，并且在各种场合都坚定不移地申明这一原则。

根据印度现行的知识产权法律规定，印度所保护的知识产权类型包括专利、外观设计、商标、版权、地理标志等。此外，对于一些特殊的知识产权类型，如生物多样性、植物品种、半导体集成电路布图设计以及信息技术等，印度则进行专门立法予以保护。表1-1为印度现行的知识产权法律法规。

表1-1 印度现行的知识产权法律法规*

| 序号 | 法　律 | 相应的实施细则、法规 |
|---|---|---|
| 1 | 《印度专利法》（2005） | 《印度专利规则》（2006） |
| 2 | 《印度外观设计法》（2000） | 《印度外观设计规则》（2001） |
| 3 | 《印度商标法》（1999） | 《印度商标实施细则》（2002） |
| 4 | 《印度生物多样性法》（2002） | 《印度生物多样性规则》（2004） |
| 5 | 《印度植物品种和农民权利保护法》（2001） | 《印度植物品种和农民权利保护（独特性、均匀性、稳定性注册标准）条例》（2009）<br>《印度植物品种和农民权利保护（第二次修订）规则》（2009） |
| 6 | 《印度半导体集成电路布图设计法》（2000） | 《印度半导体集成电路布图设计规则》（2001） |
| 7 | 《印度版权法》（1999） | 《印度版权规则》（1958）、《国际版权令》（2000） |
| 8 | 《印度地理标志产品（注册与保护）法》（1999） | 《印度地理标志产品（注册与保护）规则》（2002） |
| 9 | 《印度信息技术法》（2000） | 《印度信息技术（核证机关）规则》（2000） |

*表1-1中的年份为各法律法规最新修订年份。

### 1.1.1 印度专利制度

印度专利法律体系发展的历史沿革如表1-2所示。

表 1 - 2　印度专利法律体系发展的历史沿革

| 1856 年 | 印度出台的第一部《印度专利法》(1856) 是基于 1852 年的《英国专利法》，当时，英国统治者制定此专利法的目的是保护英国专利权人的利益不受侵犯，从而控制整个印度市场。此专利法给予新产品的发明人 14 年期限的某些排他性权利① |
| --- | --- |
| 1859 年 | 《印度专利法》(1856) 修改为《法案 XV》，明确授予专利权人排他特权（自提交说明书之日起 14 年内拥有制造、销售和使用以及许可他人制造、销售和使用该印度发明的权利） |
| 1883 年 | 出台《印度发明保护法》 |
| 1888 年 | 《印度图案和外观设计法》与《印度发明保护法》二法合一，合并为《印度发明和外观设计法》 |
| 1911 年 | 《印度发明和外观设计法》修改为《印度专利和外观设计法》。该法为印度首部专利保护领域的综合性立法，标志着印度建立了较为完善的专利管理制度，该法一直实施至 1970 年 |
| 1970 年 | 1970 年，印度议会通过了独立后的第一部专利法，即《印度专利法》(1970)，当时出于保护脆弱的民族工业的考虑，在这部印度专利法中规定，授予专利的目的是鼓励发明，促进发明的商业化利用；授予专利不是为了垄断专利产品的进口；认可专利的两种形式：产品专利以及过程专利；药品、食物及农业化学品等产品本身不能被授予专利，只对上述产品的生产过程授予专利 |
| 1972 年 | 《印度专利法》(1970) 自 1972 年 4 月 20 日生效 |
| 1999 年 | 《印度专利法》(1999)，回溯自 1995 年 1 月 1 日生效。本次修订的主要内容包括：可以就有药物用途的物质本身申请专利，但制造药物过程中的中间物质除外；给予发明人为新产品申请印度专利的权利，如果该发明人已经为该产品在 WTO 成员国提交了专利申请，他们将被授予专有市场权利；将专利的保护期增加至 20 年（从申请日起计算），使印度与其他主要国家的专利保护期一致等 |
| 2002 年 | 《印度专利法》(2002)，自 2003 年 5 月 20 日生效。本次修订的主要内容包括：规定发明专利必须符合"三性"要求，即新颖性、创造性和工业实用性 |
| 2005 年 | 《印度专利法》(2005)，自 2005 年 1 月 1 日生效。本次修订的主要内容包括：取消不允许食品、药物等产品获得专利权的禁止性条款；规定申请医药或农产品专利保护的申请人均有可能获得专利保护。自此，印度专利法完全实现了与《与贸易有关的知识产权协议》(TRIPs) 的接轨 |

在印度专利制度的保护下，印度专利的申请量呈现总体上升趋势。

---

① 参见何艳霞："印度专利文献介绍"，载《专利文献研究》2006 年第 5 期。

在 2017 财年，印度专利申请量有所下降。但 2018 年印度工业政策和促进部（DIPP）的知识产权促进和管理中心（CIPAM）对外公布的初步数据显示，专利审查员数量的增长推动了印度专利审查和授权方面的工作进展。总体而言，2017 年在印度递交的专利申请数量较 2016 年下降了3%。在过去的 2012—2017 的 5 个财年中，印度专利申请数量波动较小，如表 1-3 所示。

表 1-3　2012—2017 财年印度专利数据总表

| 财　　年 | 2012—2013 | 2013—2014 | 2014—2015 | 2015—2016 | 2016—2017 | 2016—2017 增长率 |
|---|---|---|---|---|---|---|
| 申请量（件） | 43674 | 42951 | 42763 | 46904 | 45444 | -3% |
| 审查数量（件） | 12268 | 18615 | 22631 | 16851 | 28967 | 72% |
| 授权数量（件） | 4126 | 4227 | 5978 | 6326 | 9847 | 56% |
| 处理量*（件） | 9027 | 11411 | 14316 | 21987 | 30271 | 38% |

*处理量包括获得授权、被驳回、撤销以及放弃的专利申请。

### 1.1.2　印度外观设计制度

印度与中国不同，印度将外观设计作为一项独立的知识产权，专门立法予以保护，包括《印度外观设计法》（2000）以及《印度外观设计规则》（2001），两者的主要内容包括：扩大了外观设计的定义范围、引入了国际通用的分类体系、规定了失效外观设计的恢复、申诉的受理机关改为高等法院、规定了注册外观设计的 2 年保密期、规定注册外观设计的保护期（5—10 年）期满后可再延展 5 年。

印度外观设计局是印度外观设计的管理部门。印度外观设计局总局位于加尔各答，负责审查印度全国的外观设计申请。另设 3 个分局，申请人可向其中任何一家分局提交外观设计申请。各分局会将接收到的申请转递给加尔各答总局，由其进行审查。

### 1.1.3　印度商标制度

印度商标制度始于 1958 年的《印度与贸易及商品相关的商标法》

（第 43 号），该法于 1959 年 11 月 25 日正式生效，1985 年进行了修订。印度于 1999 年通过了新的《印度商标法》，旨在简化和协调印度的商标管理体制。该法的实施细则草案于 2001 年 6 月 11 日对外公布，以便征求公众的意见。在综合考虑这些意见的基础上，该细则于 2002 年 2 月 26 日在印度商标公告上公告（下文称新细则）。新细则在新商标法于 2003 年 9 月 15 日生效后立即生效。新细则是根据新商标法制定的，其中在商标法的程序方面有不少实质性的改变。新细则淡化了中央政府的权力，将中央政府的多数权力授予了注册官，使其成为最终的主管。

新细则规定了商标申请、注册、续展、转让、许可和备案的全部程序，使得商标注册更加现代化，高科技的设备使得商标注册程序更符合《与贸易有关的知识产权协议》（TRIPs）的要求。新细则规定了驰名商标、服务商标和集体商标的注册和保护。现在，每一商标申请也可以要求多类保护、优先权保护以及对纺织品和服务商标的安全保护。但新细则废弃了防御性商标注册，因为对驰名商标的保护法律已作了规定。新细则还规定商品的形状、包装和颜色组合可以作为商标申请保护。

另外，印度是采用本国商品分类的国家，商品分类与国际分类相近似，每一份商标注册申请只能包括一个类别。

印度专利、外观设计和商标管理总局（Office of the Controller General of Patents, Designs and Trademarks, CGPDTM）（以下简称管理局）下设的印度商标注册局（Trade Marks Registry, TMR）成立于 1940 年，负责登记符合法律要求的商标。印度加入商标国际注册马德里体系的马德里议定书之后，TMR 在孟买总局设立了国际注册机构。除孟买总局外，TMR 下设 4 个分局，分别位于艾哈迈达巴德、金奈、德里和加尔各答。根据申请人或商标代理人的主营业地，商标注册申请的数字化和形式审查在各地区对应分局分别完成，但决定是否予以注册的审查均在孟买总局集中完成。

## 1.2 印度加入的知识产权国际条约

印度为专利、版权、商标和外观设计提供了明确的法律保护，这些法律也包括部分国际条约。印度加入的知识产权国际条约如表1-4所示。

表1-4 印度加入的知识产权国际条约

| 加入时间 | 加入的国际条约 |
|---|---|
| 1928 年 | 《保护文学和艺术作品伯尔尼公约》 |
| 1958 年 | 《世界版权公约》 |
| 1975 年 | 《建立世界知识产权组织公约》 |
| 1975 年 | 《保护录音制品制作者防止未经许可复制其录音制品日内瓦公约》 |
| 1979 年 | 《保护表演者、唱片制作者和广播组织的国际公约》，即《罗马公约》 |
| 1983 年 | 《保护奥林匹克会徽内罗毕条约》 |
| 1990 年 | 《关于集成电路知识产权的华盛顿条约》 |
| 1994 年 | 《生物多样性公约》 |
| 1995 年 | 《与贸易有关的知识产权协议》 |
| 1998 年 | 《保护工业产权巴黎公约》 |
| 1998 年 | 《专利合作条约》 |
| 2001 年 | 《为专利批准程序呈送微生物备案以取得国际承认布达佩斯条约》 |
| 2004 年 | 《粮食和农业植物遗传资源国际条约》 |
| 2005 年 | 《国际植物保护公约》 |

## 1.3 中国企业在印度知识产权申请概况

### 1.3.1 中国企业在印度专利申请概况

"一带一路"倡议提出以来，得到了国际社会广泛支持。各国频繁的经贸往来使知识产权领域国际交流日益密切。中国国家知识产权局公布的数据显示，2017 年，中国在"一带一路"沿线国家（不含中国）

专利申请公开量为 5608 件，同比增长 16. 0%；"一带一路"沿线国家在华申请专利 4319 件，同比增长 16. 8%。

中国在"一带一路"沿线国家专利申请继续维持较快增长，"一带一路"知识产权合作交流初具成效。2017 年，中国在印度专利申请公开量为 2724 件，专利申请初具规模。

1. 专利申请情况

利用德温特数据库检索，2002 年至 2019 年申请人为中国企业的印度专利申请，按申请年份排列，检索结果如图 1 – 1 所示。中国企业在印度申请专利数量呈逐年上升趋势，尤其是国家"一带一路"倡议开展以来，中国企业在印度的经营活动规模增大，申请专利数量也随之明显提升，从 2016 年起年申请量超过 2000 件。

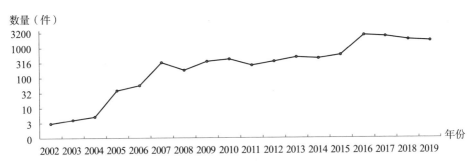

图 1 – 1    2002—2019 年中国企业在印度专利申请量

2. 主要申请人分布

利用德温特数据库检索，2002 年至 2019 年申请人为中国企业的印度专利申请，按申请人排列，检索结果如图 1 – 2 所示。目前中国企业在印度申请专利最多的前三个申请人分别为华为、中兴和广东欧珀，华为在印度的专利申请量累计已超过 4000 件。

3. 申请领域分布

利用德温特数据库检索，1997 年至 2018 年申请人为中国企业的印度专利申请，按 IPC 分类号排列，检索结果如图 1 – 3 所示。中国企业在印度申请专利主要分布在数据处理、通信等领域，这也与在印度申请专利的主要申请人分布相吻合。

数量（件）

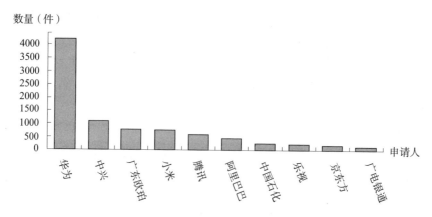

**图 1-2　中国企业在印度申请专利的主要申请人分布**

数量（件）

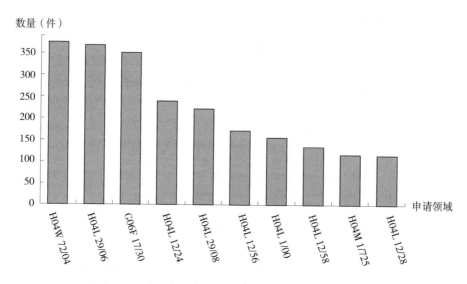

**图 1-3　中国企业在印度申请专利领域分布 IPC 排名**

4. 北京企业在印度专利申请情况

利用德温特数据库检索，2001 年至 2019 年申请人为北京企业的印度专利申请，按申请年份排列，检索结果如图 1-4 所示。北京企业在印度申请专利数量呈逐年上升趋势，累计已接近 1000 件，2016 年达到近几年的申请量最大值 280 件。与中国企业在印度的专利申请数据比较可发现，北京企业在印度的专利申请量占中国企业在印度专利申请总量的 10% 以上。

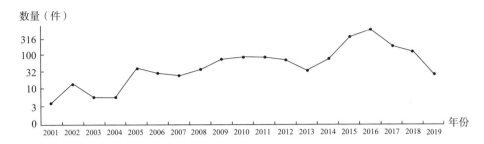

**图 1 - 4 2001—2019 年北京企业在印度专利申请量**

利用德温特数据库检索，2001 年至 2019 年申请人为北京企业的印度专利申请，按申请人排列，检索结果如图 1 - 5 所示。目前北京企业在印度申请专利最多的前三个申请人分别为小米、中石化和京东方。

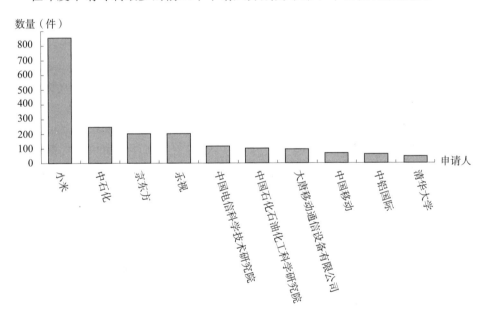

**图 1 - 5 2001—2019 年北京企业在印度申请专利的主要申请人分布**

利用德温特数据库检索，1989 年至 2018 年申请人为北京企业的印度专利申请，按 IPC 分类号排列，检索结果如图 1 - 6 所示。北京企业在印度申请专利主要分布在数据处理、通信等领域，与中国企业在印度专利申请的领域分布基本吻合。

数量（件）

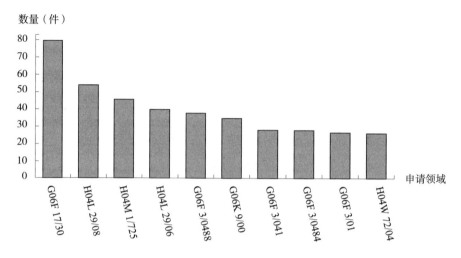

图 1-6 北京企业在印度申请专利领域分布 IPC 排名

## 1.3.2 中国企业在印度商标申请概况

1. 商标申请情况

利用德温特数据库检索，2016 年至 2018 年申请人为中国企业的印度商标申请，检索结果如图 1-7 所示。中国企业在印度申请商标数量呈逐年上升趋势，2018 年申请数量为 6304 件。

数量（件）

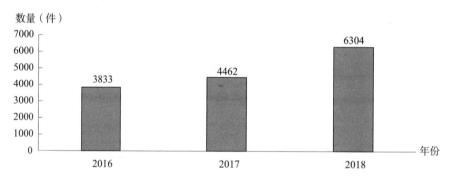

图 1-7 中国企业 2016—2018 年在印度商标申请总量

2. 主要商标申请类别

利用德温特数据库检索，2016 年至 2018 年申请人为中国企业的印度商标申请，按商标类别排名，检索结果如图 1-8 所示。商标的主要类别为第 7、9、12 和 35 类，其中，第 9 类商标申请数量最多，在 2018 年超过 1200 件。

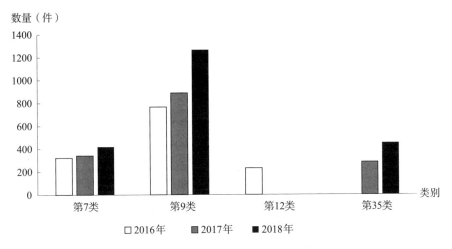

图 1-8 中国企业 2016—2018 年在印度商标申请类别排名

3. 商标申请途径

利用德温特数据库检索，2016 年至 2018 年申请人为中国企业的印度商标申请，按单一国家申请和马德里途径申请进行分类，检索结果如图 1-9 所示。两种申请方式均呈现稳定增长趋势。其中单一国家申请是中国企业的主要申请途径，2018 年约三分之二的商标申请通过该途径提出。

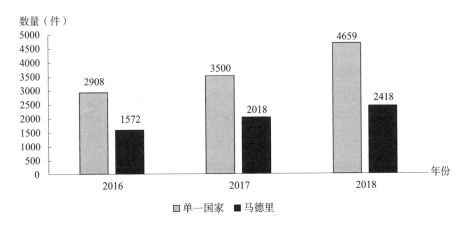

图 1-9 中国企业 2016—2018 年在印度的商标申请中

单一国家申请和马德里途径申请数量对比

4. 商标申请人省份分布

利用德温特数据库检索，2018 年申请人为中国企业的印度专利申请，按申请人来源省份排列，检索结果如图 1-10 所示。前五名分别为广东、山东、浙江、北京和上海，其中广东省申请人数量达到 1247 个，远远超过其他省份。

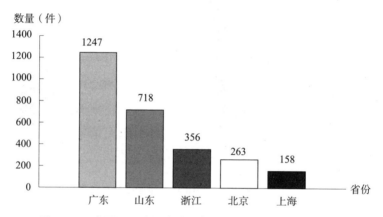

图 1-10　中国不同省份申请人 2018 年在印度商标申请总量

# 印度专利权

## 2.1 专利权的主体与客体

### 2.1.1 权利主体

专利权的主体，即专利权人，是指依法享有专利权并承担相应义务的人。根据印度专利法的规定，申请人及权利继承人或权利受让人都可以成为专利权的主体。

1. 申请人

根据印度专利法的规定，发明专利申请的申请人需满足以下任一条件[①]：

（1）主张是真实且原始发明人的任何人；

（2）主张是真实且原始发明人的任何受让人；

（3）在已故人去世前刚被授予专利申请权的已故人的法定代理人。

专利申请可由申请人单独申请，也可由申请人与他人共同提出。根据印度专利法规定，与申请人共同提出专利申请的他人可以是政府[②]，也可以是公司、团体或个人。真实且原始发明人既不包括第一个进入印度的发明进口商，也不包括首先从印度境外取得发明专利权的人。印度

---

① 《印度专利法》（2005）第 6 条。

② 《印度专利法》（2005）第 2 条第（1）款第（s）项。

专利法要求公开真实且原始发明人的姓名、地址和国籍。

受让人可以是自然人，也可以是注册公司、科研组织、政府、教育机构等。受让人还包括受让人的受让人。无论如何，当申请人不是发明人时，申请人需要提交能够证明其具有专利申请权的证明。

法定代理人意味着在法律上能够代表已故人遗产的人。这种情况下，法定代理人可能会被要求提交能证明其有专利申请权的适当的、具有法律效力的文件。

通过公约在印度申请专利的，该公约成员国的申请人的法定代理人或受让人也能够在印度被认可。

2. 专利权人

根据印度专利法的规定，专利权人指的是在专利登记簿上记载的权利人或者受让人。产品专利的专利权人能够阻止未经其同意的第三人在印度境内制作、使用、许诺销售、销售或进口该产品。方法专利的专利权人能够阻止未经其同意的第三人使用该方法，以及在印度境内使用、许诺销售、销售或进口直接通过该方法制作的产品。[1]

### 2.1.2 权利客体

印度专利法保护的权利客体是依据印度专利法被授予专利权的新发明，保护对象只有发明。根据印度专利法，发明是指具有创造性、产业利用价值的新颖产品以及该产品的生产过程或方法。换句话说，发明应是存在独创性，即申请日前任何文件、任何刊物尚未预料，也未在本国或世界其他地方使用，且能够实现工业应用的新产品以及生产该产品的方法。

需要注意的是，在印度专利法中，不属于发明的主题包括：[2]

（1）包含明显违背自然法则的内容或者没有意义的发明；

（2）发明的主要或预期用途，或者商业开发违背公共秩序或公共道德，或者会对人类、动植物的生命或健康、环境造成严重的损害；

---

[1] 《印度专利法》（2005）第48条。

[2] 《印度专利法》（2005）第3条。

（3）单纯对科学原理或抽象理论公式的发现，或者对自然界现有的任何有生命或没有生命的物质的发现；

（4）单纯对已知物质的新形式的发现，并且该发现没有改进该物已知功能，仅为已知物质新属性或新用途的发现或仅为已知工艺、机械或装置的用途，除非该已知工艺产生了新产品或至少产生了一种新的反应物；

（5）通过简单混合（仅为各组分属性的简单叠加）获得的物质及其生产方法；

（6）植物和动物整体或者其任何部分，包括种子、变种和物种，但不包括微生物，以及本质上属于生产或者繁殖植物和动物的生物学方法；

（7）数学或商业方法，或者计算机程序本身或运算法则；

（8）文学、戏剧、音乐或艺术作品或其他任何美学创作，包括电影作品和电视作品；

（9）单纯的智力活动方案、规则或方法，或者玩游戏的方法；

（10）信息的表达方式；

（11）集成电路布图设计；

（12）实际上属于传统知识或是传统上已知组分的已知属性的组合或重复；

（13）有关原子能的发明。

## 2.2　专利申请

### 2.2.1　专利申请需要提交的申请文件

申请文件的完备是发明专利申请能够通过印度专利审查初审环节的关键。印度专利申请途径一般包括 PCT 途径、巴黎公约途径以及直接向印度专利局递交申请途径。通过不同途径申请印度发明专利所需提交的文件有所不同。

1. PCT 途径进入印度需要提交的申请文件

申请信息表（Form1）：包括发明名称，PCT 国际申请日，国际申请号，申请人和发明人的英文名、国籍、地址等信息，优先权信息（如有）等。

专利说明书（Form2）：包括 PCT 国际公开文本的英文译文（印度对此有严格规定，英文译文不可后续补交），依据 PCT 条约第 19 条提出修改后权利要求的英文译文（如有），国际初审报告，依据 PCT 条约第 34 条修改的申请文件的英文译文（如有），关于修改文件的声明。

声明（Form5）：声明申请人享有发明并写明真实且原始发明人的名字；声明人不是申请人或申请人之一的，应当提交申请人相信所写明的人就是真实且原始发明人的声明。

同族专利申请信息详细说明（Form3）：该详细说明是同样的发明在其他国家或地区提出专利申请的情况和信息。包括同族专利申请所在国家、申请日、申请号、申请状态、公开日期和授权日期等。

专利代理委托书（Form26）：委托印度专利代理人或代理机构提交相关申请文件的，需要填写专利代理委托书。

优先权证明文件：一般不需要提交优先权证明文件原件，除非该 PCT 申请不符合 PCT 实施细则第 17 条第（a）或（b）款的要求，可在最早优先权日起 31 个月内提交。如果优先权证明文件是非英文申请，需要提交英文译文。

2. 巴黎公约途径进入印度需要提交的申请文件

通过巴黎公约途径申请印度专利同样需要提交申请信息表（Forml）、声明（Form5）、同族专利申请信息详细说明（Form3）和专利代理委托书（Form26）、专利说明书（Form2）、优先权证明文件等，其中，专利说明书（Form2）和优先权证明文件等方面与 PCT 途径有所差异。

专利说明书（Form2）：包括英文版本或印地语版本完整说明书，包含各发明相关内容描述、权利要求、说明书附图（如有）、摘要、摘要附图（如有）。

优先权证明文件：优先权证明文件原件，可与申请同时提交或者最晚在最早优先权日起 18 个月内补交（通常在申请日起 4 个月内提交较为稳妥）。如果提交提前公开请求，优先权证明文件应与该请求一起提交。如果优先权证明文件是非英文申请，需要提交英文译文。

3. 直接向印度专利局递交申请需要提交的申请文件

直接向印度专利局递交专利申请同样需要提交申请信息表（Form1）、声明（Form5）、同族专利申请信息详细说明（Form3）和专利代理委托书（Form26）、专利说明书（Form2）、优先权证明文件等，其中，该途径仅在专利说明书（Form2）方面与PCT途径有所差异。

专利说明书（Form2）：包括英文版本或印地语版本的临时说明书或完整说明书，包含各发明相关内容描述、权利要求、说明书附图（如有）、摘要、摘要附图（如有）等。

自2007年7月20日起，印度专利局可以接受在线电子申请。通过PCT途径、巴黎公约途径或直接向印度专利局递交的专利申请都可以通过电子申请方式提交，且提交电子专利申请在费用方面有一定优惠，具体参见本指引"2.2.4专利申请流程及费用"章节。

## 2.2.2 申请文件的撰写

### 2.2.2.1 专利说明书

印度发明专利申请的专利说明书分为临时说明书和完整说明书。两种专利说明书均包含权利要求，可以包含多个从属权利要求。专利申请时需要提交临时说明书，并在申请提交后的12个月内提交完整说明书，否则视为自动放弃申请。

1. 临时说明书

印度的专利申请制度中设有临时说明书（Provisional Specification）制度，这一制度允许发明人在仅确认了发明构思而尚未确认其他细节（如市场前景、实施细节等）时，即可通过提交临时说明书来预先获得申请日（或优先权日）。在临时说明书制度下，申请人在印度提交专利申请时可仅对发明进行完整说明，无须描述具体的权利要求、最佳实施方式等。需要特别注意的是，通过巴黎公约途径提交专利申请或以印度专利局作为受理局提交PCT专利申请时不适用临时说明书制度。

通常而言，通过临时说明书提交申请对于尽早为发明建立一个申请日（或优先权日）是非常有帮助的。此外，提交临时说明书能够帮助申请人在提交完整说明书之前争取足够的时间评估发明的市场潜力。当然，如果申请人能够直接提交完整说明书的话，也可不必提交临时说明书。

2. 完整说明书

完整说明书中应当包含发明名称（表明技术领域）、现有技术、现有技术不足之处、发明人为了解决这些不足所采取的解决方案、有关发明及其用途的简洁但充分的描述、最佳实施方式的描述（如有）等。完整说明书中必须至少包含一项权利要求或者明确陈述寻求保护的发明范围。

具体而言，完整说明书通常包括以下内容：

（1）发明名称（Title of invention）；

（2）发明技术领域及用途（Field of invention and use of invention）；

（3）现有技术及发明要解决的问题（Prior art and problem to be solved）；

（4）发明目的（Object of invention）；

（5）发明概述（Summary of invention）；

（6）附图的简要说明（如有）（Brief description of the several views of the drawing, if any）；

（7）发明详细说明（Detailed description of the invention）；

（8）序列表（如有）（Sequence listing, if any）；

（9）权利要求（Claims）；

（10）摘要（Abstract）。

附图应根据说明书进行准备，且说明书及权利要求书中应记载相应的附图标记，除流程图外，附图上不得有描述性的内容。

摘要应简明概括发明内容，并包括发明技术领域、与现有技术相比本发明的进步点、发明主要用途、化学方程式（如有）。

### 2.2.2.2 同族专利申请信息详细说明

根据《印度专利法》（2005）第 8 条第（1）款规定，申请人在印度提交专利申请时，如果专利申请人就相同或实质相同的发明，单独或与他人共同在印度之外的国家申请专利的，或者据其所知，其在先权利人或其在后权利人正在国外申请专利的，则申请人需要在规定时间内提交同族专利申请的详细信息说明（Form3），包括申请国、申请日、申请号以及申请最新状态（如申请、公开、授权、修改、撤销等）。该详细说明通常需在申请递交后的 6 个月内提交。在相关专利申请状态发生变化的 3 个月内，须向印度专利局提交更新的同族专利申请信息详细说明。若不提交，印度专利局可能会因此而撤销该申请。

根据《印度专利法》（2005）第 8 条第（2）款规定，审查员可能要求申请人提供其可以获得或获知的任何有关该印度专利申请缺乏新颖性或创造性的文件及信息，通常是其他国家专利局的审查意见通知书及答复情况等。一般审查员会在下发第一次审查报告（FER）中要求申请人提供相关文件。

### 2.2.2.3　增补专利申请

印度有增补专利申请机制，即在专利授权后的有效期限内，可以基于已有专利（主专利）而提交"增补专利申请"。增补专利即是印度专利局对主专利的改进或修改所授予的专利。增补专利的存在以主专利的有效存在为前提，主专利被宣告无效时，专利权人可请求印度专利局将增补专利变为独立专利，继续享有主专利原先应享有保护期限的剩余保护期。

### 2.2.2.4　优先权文件

作为优选权基础的在先申请，在其文件中应注意以下几个方面。

（1）确定权利要求的适宜保护范围，并对权利要求整体进行合理布局，即独立权利要求与从属权利要求呈技术特征逐渐增多、保护范围逐渐减少的形态。

（2）确保独立权利要求和从属权利要求限定的技术方案都能够得到说明书的实质支持。

（3）合理安排权利要求、申请说明书、附图（如有）、基因序列表（如有）的篇幅，以尽量减少超权费和说明书附加费。

（4）申请文件中采用本领域的惯常术语表述，如果属于自造词或非惯常术语，应在说明书中给出明确定义。

（5）为满足充分公开的要求，应在优先权文件中尽可能提供完备的实验数据，包括试验方法及其涉及的设备等内容，最好包括与现有技术的对比试验，以满足充分公开的要求，同时为未来的创造性争辩打好基础。说明书涉及对实验数据的检测等相关内容的，应清楚记载检测方法及检测设备的型号和来源等。

（6）优先权文件中可以包括中国专利法可予授权但印度专利法不予授权的主题内容，未来在申请进入印度时，对相关主题内容进行删除或修改即可。

### 2.2.2.5　基于优先权文件的申请文件

当专利申请进入印度时，需要根据印度专利法对优先权文件进行改写，改写时应注意下述几个方面。

（1）明确权利要求主题。

权利要求的主题应当明确为产品、方法以及其他印度可授权的主题。印度专利法中规定的不予授权的主题较多，需要注意将优先权文件中明显属于印度专利法规定的不予授权的主题的权利要求删除。

（2）重新确定权利要求保护范围。

如果优先权文件的独立权利要求保护范围相对过大或过小，则可以考虑在进入印度时重新修改独立权利要求的范围，对其保护范围进行相应地缩小或扩大。

（3）修改权利要求的引用关系。

优先权文件若出现引用多项权利要求的多项从属权利要求，在进入印度国家阶段时应当进行主动修改，将引用的多项权利要求进行拆分。需要注意印度发明专利的权利要求超过 10 项也会收取附加费，申请人应合理选择权利要求的数量。

（4）调整申请文件顺序。

因印度对申请文件的撰写形式要求与中国有所不同，因此当以中国申请为优先权的专利申请进入印度时，需对优先权文件的顺序（原顺序为：摘要－权利要求书－说明书）进行调整，将权利要求和摘要合并为完整说明书中的一部分（顺序调整为：各发明相关内容的描述－权利要求－

摘要），具体参见印度专利说明书（Form2）。

（5）其他。

此外，申请人需核实的其他问题包括说明书中是否存在技术术语不合理或不准确、前后技术特征不一致等情况。

### 2.2.3　特殊领域的专利申请文件撰写

#### 2.2.3.1　生物医药领域的专利申请文件

印度专利法中明确排除了多种申请主题，尤其在生物医药领域，并且在实践中审查比较严格，建议申请人在准备生物医药领域的专利申请文件时注意以下事项。

（1）对于药物专利申请，在申请文件中提供足够的数据以证明该药物的疗效或生物利用度，并且充分说明该疗效与现有药物疗效的区别，以满足印度专利法中对现有药物衍生物"大幅提高疗效"的要求。

（2）对于药物专利申请，说明书中应该详细记载制备该药物的方法，包括原料、反应条件、制备过程、检测方法，以及制备该药物的具体实施例等。

（3）对于涉及生物材料等的发明，应当注意，如果该生物材料是本领域技术人员根据一般知识和技术手段难以获得的，则需要及时进行生物材料的保藏，并在申请文件中加以记载。对于依赖遗传资源完成的发明，要在申请文件中对遗传资源的来源或产地进行公开。

#### 2.2.3.2　计算机领域的专利申请文件

下面将列举一些与计算机相关发明（Computer Related Invention，CRI）的专利申请文件的特殊要求。

（1）针对 CRI 的权利要求书，权利要求的主题可以包括但不限于方法、网络、系统、装置、设备，等等。应当注意的是，目前印度专利法不授予与计算机程序本身有关的主题专利，[①] 如一种计算机程序、一种计算机程序产品、一种计算机可读存储介质等。因此，在印度进

---

① 《印度专利法》（2005）第 3 条第（k）项。

行 CRI 专利申请时，权利要求书中应避免出现上述与计算机程序本身有关的主题。

（2）在 CRI 专利申请的权利要求书中，常常出现以手段加功能形式撰写的权利要求。例如，这些权利要求通常被描述为用于执行一些功能的装置，如用于将数字信号转换成模拟信号的装置等。针对以手段加功能形式撰写的权利要求，应当辅以物理结构特征及其参考标记清楚地定义该权利要求中提及的"装置"，以增强该权利要求的可理解性。如果在说明书中没有公开这些装置的物理结构特征，则以手段加功能形式撰写的权利要求不应当被允许。此外，如果说明书支持的是仅通过计算机程序来执行发明，则在这种情况下，以手段加功能形式撰写的权利要求应当被拒绝，因为这些装置属于计算机程序本身。如果在说明书中没有公开这些装置的物理结构特征，并且说明书支持的是仅通过软件来执行发明，则在这种情况下，以手段加功能形式撰写的权利要求中的装置属于软件。

（3）通常来说，中国企业在印度申请专利，主要是通过 PCT 途径或巴黎公约途径。因此，申请人在准备 PCT 国际申请文件或优先权文件时，可以在其中包含在中国专利法中属于授权主题但在印度专利法中不属于授权主题的内容。未来在申请进入印度时，申请人可以依据印度专利法对相关主题进行删除或修改。但是说明书中应保留这些主题对应的实施例，这样一旦日后印度修改了专利法，当前不被允许的主题被允许了，也可以为申请人保留修改权利要求的机会。

（4）对于 CRI 专利申请，在准备 PCT 国际申请文件或优先权文件时，申请人可以在方法权利要求对应的实施例中增加对步骤执行主体的描述，以便后续基于该 PCT 国际申请文件或优先权文件进入印度之后，可以在方法权利要求中补入各个步骤的执行主体，以克服审查过程中审查员指出的不清楚、属于不能授予专利权的主题等相关缺陷。

（5）申请人可同时重点考虑在执行的动作或执行动作的条件上的发明点，而不仅仅局限于执行主体与现有技术存在的区别。这样做的主要目的是当基于该 PCT 国际申请文件或优先权文件进入印度之后，可以基于执行的动作或执行动作的条件与对比文件中公开的特征不同进行争辩。

（6）在准备 PCT 国际申请文件或优先权文件时，申请人可以在说明书中撰写一套与虚拟装置对应的包括硬件实体的装置实施例，以便后续基于该 PCT 国际申请文件或优先权文件进入印度之后，可以修改为包括硬件实体的装置权利要求。

## 2.2.4 专利申请流程及费用

### 2.2.4.1 专利申请流程

印度发明专利的申请和审查流程大致分为提交专利申请、受理、初步审查、公开、授权前异议（如有）、实质审查、答复审查意见、听证以及授权或驳回等几个阶段。

图 2 - 1 展示了印度专利申请和审查的基本流程，主要包括：在印度提交正式申请。形式审查通过后于申请日（或最早的优先权日）起 18 个月内公开申请文本，也可以请求提前公开（Early Publication），提交提前公开请求后 1 个月内即公开。自公开之日起 6 个月内、申请未被授权前为异议期，他人可提起授权前异议（Pre - Grant Opposition），接到他人异议后需在 3 个月内答辩。自专利申请提交日（或最早的优先权日）起 48 个月内提出专利申请的实审请求（Request For Examination，RFE）。自实审请求日或公开日（以时间在后的为准）起 6 个月内印度专利局作出第一次审查报告（First Examination Report，FER）；也可以要求加速审查（Request For Examination Express）。第一次审查报告作出之后 6 个月内，需提交答复意见（Response To Office Action）或修改专利申请文件。当所有的要求都得到满足后，印度专利局将授予专利权。授权公告后有 12 个月的异议期（Post - Grant Opposition）。

除申请人之外的第三人，也可以请求对专利进行审查。对于第三人提出的审查申请，审查部门进行审查的流程主要包括：形式审查和检索、实质审查、申请人答复、再次审查、做出最终决定（如驳回或授权决定）等。对决定（如驳回决定）不服的，可自收到驳回决定之日起 3 个月内向印度知识产权申诉委员会提出上诉（Appeal）。专利授权日之前，还可以基于原申请提出分案申请。通过 PCT 途径进入印度国家阶段的申请，需在 31 个月内提交。如果国际申请使用非英文的语言，需要提交申请文件及其在国际阶段的任何修改的英文翻译文本。进入国家阶段后，申请和审查程序基本同前。

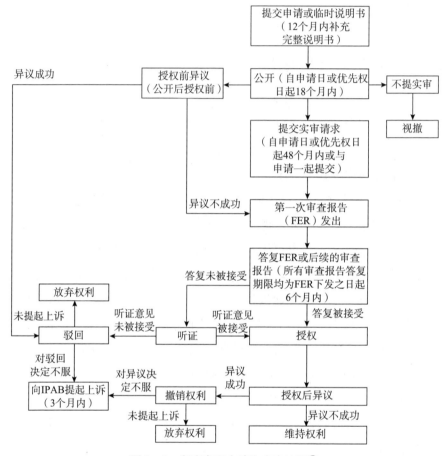

**图 2 - 1　印度专利申请和审查流程①**

## 2.2.4.2　专利申请费用

1. 专利申请官方费用

印度专利申请官方费用明细如表 2 - 1 所示。

---

①　参考中国国家知识产权局走向海外系列宣传手册，《印度专利申请实务指引》第 17 页。

表 2 –1  印度专利申请官方费用明细①　　　　　单位：卢比

| 官方费用明细 | 电子申请 | | | 纸件申请 | | |
|---|---|---|---|---|---|---|
| | 自然人 | 小实体 | 其他 | 自然人 | 小实体 | 其他 |
| 提交申请（包括临时说明书或完整说明书的提交） | 1600 | 4000 | 8000 | 1760 | 4400 | 8800 |
| 超过 30 页每页附加费 | 160 | 400 | 800 | 176 | 440 | 880 |
| 超过 10 项权利要求每项附加费 | 320 | 800 | 1600 | 352 | 880 | 1760 |
| 提交临时说明书后提交完整说明书 30 页内且权利要求 10 项以内 | 无 | 无 | 无 | 无 | 无 | 无 |
| 提交临时说明书后提交完整说明书超过 30 页每页附加费 | 160 | 400 | 800 | 176 | 440 | 880 |
| 提交临时说明书后提交完整说明书超过 10 项权利要求每项附加费 | 320 | 800 | 1600 | 352 | 880 | 1760 |
| 提交《印度专利法》（2005）第 8 条规定的声明[1] | 无 | 无 | 无 | 无 | 无 | 无 |
| 《印度专利法》（2005）第 53 条第（2）款、第 142 条第（4）款，[2]《印度专利实施细则》（2003）第 13 条第（6）款、第 80 条第（1A）款、第 130 条规定的各种延期费 | 480/月 | 1200/月 | 2400/月 | 528/月 | 1320/月 | 2460/月 |
| 提交 Form5 声明[3] | 无 | 无 | 无 | 无 | 无 | 无 |
| 根据专利法《印度专利法》（2005）第 25 条第（1）款提出授权前异议 | 无 | 无 | 无 | 无 | 无 | 无 |
| 根据《印度专利法》（2005）第 25 条第（2）款提出授权后异议 | 2400 | 6000 | 12000 | 2640 | 6600 | 13200 |
| 请求提前公开 | 2500 | 6250 | 12500 | 2750 | 6875 | 13750 |
| 根据《印度专利法》（2005）第 11B 条，[4]《印度专利实施细则》（2003）第 26 条第（1）款在公开前撤回申请 | 1600 | 4000 | 8000 | 1760 | 4400 | 8800 |
| 提实审：基于《印度专利法》（2005）第 11（B）条 | 4000 | 10000 | 20000 | 4400 | 11000 | 22000 |

① 参考中国国家知识产权局走向海外系列宣传手册，《印度专利申请实务指引》第 55—58 页。

| 官方费用明细 | 电子申请 | | | 纸件申请 | | |
|---|---|---|---|---|---|---|
| | 自然人 | 小实体 | 其他 | 自然人 | 小实体 | 其他 |
| 提实审：基于《印度专利实施细则》（2003）第 20 条第（4）款（ii）[5] | 5600 | 14000 | 28000 | 6160 | 15400 | 20800 |
| 授权前修改申请文件 | 800 | 2000 | 4000 | 880 | 2200 | 4400 |
| 授权后修改申请文件 | 1600 | 4000 | 8000 | 1760 | 4400 | 8800 |
| 3—6 年每年年费（0—2 年无年费） | 800 | 2000 | 4000 | 880 | 2200 | 4400 |
| 7—10 年每年年费 | 2400 | 6000 | 12000 | 2640 | 6600 | 13200 |
| 11—15 年每年年费 | 4800 | 12000 | 24000 | 5280 | 13200 | 26400 |
| 16—20 年每年年费 | 8000 | 20000 | 40000 | 8800 | 22000 | 44000 |
| 著录项目变更 | 320 | 800 | 1600 | 352 | 880 | 1760 |

注：

[1]《印度专利法》（2005）第 8 条 关于提交同族专利申请的信息和保证

（1）本法规定的专利申请人就相同或者实质相同的发明，单独或者与他人共同在印度之外的国家申请专利的，或者据其所知，其在先权利人或其在后权利人正在国外申请专利的，申请人应当在申请时，或申请后在管理局指定的期限内，提交下列文件：

（a）描述上述申请详细信息的说明；

（b）保证书，就对相同或者实质相同的发明在国外提交的专利申请，保证在该发明在印度授予专利权前，将按照本款第（a）项的要求，将此等其他申请的详细信息，书面告知管理局。

（2）在印度提交专利申请后，并且直到被授予专利权或者被驳回的任何时间内，管理局也可以要求申请人按照规定提交有关国外专利申请审查的详情。在此情况下，申请人应当在规定的期限内向管理局提交其可以获得的审查信息。

[2]《印度专利法》（2005）第 53 条第（2）款规定，任何维持费用未在规定期限内或规定的延长期限内缴纳的，尽管有本条或本法的任何规定，专利的法律效力应当在规定的缴纳该费用的期限届满日终止。

《印度专利法》（2005）第 142 条第（4）款规定，自申请日起 2 年后才授予主专利权的，已经到期的费用可以在自登记该专利之日起的 3 个月内或在自登记之日起不迟于 9 个月的延长期限内缴纳。

[3] Form5 声明是申请人提出享有发明并写明真实且原始发明人的名字的声明。

[4]《印度专利法》（2005）第 11B 条第（1）款规定，除申请人或任何其他利害关系人在规定的期限内以规定的方式请求审查外，不得对专利申请进行审查。

《印度专利法》（2005）第 11B 条第（3）款规定，在 2005 年 1 月 1 日前根据本法第 5 条第（2）款的规定提交专利申请的，申请人或任何其他利害关系人应当在规定的期限内以规定的方式提出审查请求。

《印度专利法》（2005）第 11B 条第（4）款规定，申请人或者其他任何利害关系人未在本条第（1）款或第（3）款规定的期限内请求审查专利申请的，专利申请应当被视为撤回。但是，申请人可以在提交专利申请后、授予专利前的任何时间以规定的方式请求撤回专利申请；专利申请已经按照本法第 35 条的规定予以保密的，可以在自保密指令撤销之日起的规定期限内请求审查。

[5]《印度专利实施细则》（2003）第 20 条第（4）款（ii）是关于 PCT 国际申请进入印度提出实审请求的规定。

官方费用会不定期进行调整，具体相关费用可查询印度专利局网站的实时费用情况。

2. 官方费用节约技巧

印度发明专利申请和审查的各项官方费用中，电子申请官方费用比纸件申请的官方费用便宜，通过提交电子申请可以节约一定的官方费用。

此外，以自然人作为申请人申请印度专利时的各项官方费用最为便宜，各项官方费用大约可减免80%。其次是"小实体"，根据印度专利法的规定，当申请人属于以下情形之一的"小实体"时，可享受官方费用50%的减免：

（1）任何投资额不超过150万美元且从事工农业生产制造行业的企业；

（2）任何投资额不超过75万美元且从事服务业的企业。

印度申请人可以根据印度微小中型企业发展法提交营业证书和Form28证明其属于小实体；外国申请人可提交印度专利局接受的其本国相关机关出具的文件。

3. 代理费用节约技巧

申请人应当熟知印度代理人或代理机构的平均收费水平，并据此对印度代理费用进行合理控制。印度代理人或代理机构代理一件专利申请的平均费用约为25000—40000元人民币。

申请人可以建立账单审核制度并对个案进行费用控制，同时可以对各印度代理人或代理机构的收费情况进行比较，并结合申请目的和需求等与备选代理人或代理机构进行谈判，选择合适的代理人或代理机构。

## 2.3  专利审查与授权

### 2.3.1  专利审查

#### 2.3.1.1  初步审查

与各国专利申请流程相似，印度专利申请也需要向印度专利局递交完备的申请文件，包括英文或印地语说明书、说明书附图（如有）、权利要求书、摘要、摘要附图（如有）、申请表（Form1）、发明人声明（Form5）、优先权译者声明（Verification of Translation for Priority Patent Application）（要求的优先权文件非英文的情况）。如果是通过巴黎公约申请，则还需提供优先权证明文件原件。

专利初步审查主要是根据印度专利法审查专利申请表、专利说明书以及其他相关文件和缴费等是否符合提交的要求，以及审核专利申请是否存在不合法的因素等形式内容。

### 2.3.1.2　专利申请的修改

通过 PCT 途径申请印度专利时，只接受依据国际公布的原始申请文本，或依据 PCT 条约第 19 条、第 34 条的修改文本进入。如需修改，则只能在进入国家阶段后以主动修改的形式提交。

### 2.3.1.3　审查期限

根据印度专利法，印度专利局会在实质审查请求日或申请公布日（两者取后到者）起 6 个月内下发第一次审查意见通知书。[①] 申请人应在第一次审查意见通知书发出之日起 6 个月内提交答复意见。

如申请人提交答复后，仍未消除该申请的缺陷，审查员可能会下发进一步审查意见通知书，或安排听证，该进一步审查意见通知书的答复期限仍为第一次审查意见通知书下发日起 6 个月。如果在规定答复期限内无法消除专利申请的缺陷，该专利申请将被驳回。

在实际操作中，由于印度专利局的案件积压情况较严重，很多专利申请可能未在 6 个月内收到第一次审查意见通知书，根据案件积压程度，该时间可能会延迟至 2—3 年。

### 2.3.1.4　加快审查

为加快专利授予，可通过请求提前公布以及在递交申请的同时提出实质审查请求的方式加快申请流程。提交提前公布请求后，专利申请将在该请求提出之日起 1 个月内公布。而印度专利局目前是按照提交实质

---

① 《印度专利条例》（2003）第 24B 条第（3）款。

审查请求的时间对专利申请案件进行排序，并依此顺序提案审查，所以为使专利申请尽快进入审查阶段，可以在递交申请的同时提出实质审查请求。

此外，由于印度专利局要求申请人应在第一次审查意见通知书下发日起 6 个月内使申请文件符合授权条件，申请人可以尽快答复审查意见通知书，以促使审查员尽早下发进一步审查意见，以此加快审查流程。

#### 2.3.1.5 实质审查

1. 实质审查请求的提出

自申请日或优先权日（如有）起 48 个月内，申请人或任何利益相关的第三方均可提出实质审查请求以启动实质审查程序。如未在规定的期限内提出实质审查请求，将视为申请人撤回该专利申请。

2. 实质审查的内容

（1）是否具备新颖性。

根据印度专利法的规定，在申请日（或优先权日）之前未被任何出版物披露，并且未在印度本国公开使用过的发明或者技术具备新颖性。[①]在印度以外的国家或地区的公开使用不破坏新颖性。其中，申请日是指完整说明书的递交日，而不是指临时说明书的递交日。

为了确定专利申请发明的新颖性，审查员会考虑如下文件：

a. 在完整说明书的递交日之前已经公开的文件；

b. 在完整说明书的递交日之前已经递交的印度专利申请，以及在完整说明书的递交日之后且公开日之前递交的印度专利申请，这些专利申请是否要求保护相同的主题；

c. 之前在学术团体的学报中已经出版或者之前在政府指定的授权方式下发表并且在一年之内递交的文件。

现有技术中上位概念的公开不会破坏下位概念的公开的新颖性。例如，金属环不会破坏铜环的新颖性。现有技术中下位概念的公开会破坏上位概念的公开的新颖性。例如，铜环会破坏金属环的新颖性。

当审查意见中指出发明不具备新颖性时，申请人可以通过特征比对

---

① 《印度专利法》（2005）第 2 条第（1）款第（1）项。

和分析，强调并取证对比文件中并没有公开本申请权利要求的全部技术特征。

（2）是否具备创造性。

若本发明与现有技术相比，其能够解决特定的技术问题或产生重大经济利益，并且该发明对于本领域技术人员而言是非显而易见的，则该发明具备创造性。其中将所要求保护的发明实现的经济价值也作为创造性的评价因素之一，这与中国专利法的规定不同。为了确定发明的专利性，审查员首先会对发明的新颖性进行审查，然后再审查发明是否具有创造性。

确定创造性的具体步骤为：

a. 为了确定发明的创造性，依靠在检索过程中检索到的所有相关或任意一项相关的现有技术，来判断该现有技术是否公开了本发明；

b. 在完整说明书的递交日之前存在的公开文献被认为是现有技术；

c. 但是，在完整说明书的递交日之前递交而在完整说明书的递交日之后公开的印度申请，或在完整说明书的递交日之后递交的印度申请被认为是优先权；

d. 发明应当作为整体来考虑，即使权利要求的单独的各个部分是公知的或是显而易见的，也不足以下结论认为该权利要求是显而易见的；

e. 如果不能证明发明具备前述几点的特征，并且没有实质性地增加任何有技术进步或显著经济效益的内容，则被认为是缺乏创造性的；

f. 出于证明发明的非显而易见性，结合多个现有技术文献来评价创造性是被允许的，并且能够提供所述多个现有技术文献；

g. 如果发明是基于现有技术可预见的，本领域技术人员不需要付出创造性改进，则被认为是缺乏创造性的。

如果审查意见中指出发明不具备创造性，申请人可以通过特征比对和分析，说明最接近对比文件结合其他对比文件中公开的特征不等同于权利要求保护的技术方案，或强调发明在技术上的进步之处或由此带来的重大经济利益。在答复审查意见时应防止因申请人的限定性解释对权利要求的保护范围造成限定。

审查专利申请的过程中，审查员可能要求申请人提供其可以获得或获知的任何有关该专利申请缺乏新颖性或创造性的文件及信息，通常是其他国家专利局出具的审查意见通知书及答复情况等。一般审查员会在下发第一次审查报告中要求申请人提供相关文件。[①]

（3）是否具备工业实用性。

发明能够在工业上制造或应用才能获得印度专利保护，这与大多数国家和地区是一样的。如果发明能够在任意工业生产中使用或利用工业工艺来实施，则认为其具有工业实用性。通常，以自证的方式证明发明的工业实用性，一般发明的工业实用性也是可以自证的。如果不能自证，则说明发明的工业实用性不充分。发明的特定的用途应该在公开的说明书中说明。

（4）说明书是否充分公开。

说明书应当清楚、简明，并且充分、详细地描述发明内容及其实施方式，或者用途、操作方法，以及申请人所知的、通过权利要求主张的发明的最佳实施方式。[②]

审查员将审查说明书的以下几个方面：

a. 说明书名称是否适当；

b. 是否在说明书中全面且突出地说明了主题；

c. 权利要求是否适当地限定了发明的保护范围；

d. 说明书是否说明了发明的最佳实施方法；

e. 在发明涉及生物材料的情况下，是否公开了该材料的来源和产地；

f. 提的生物材料是否允许从生物多样性管理局获得；

g. 是否给出生物材料的保藏序号和其他细节。

（5）是否具有单一性。

发明须具有单一性，即一项发明申请应当仅限于一项发明。如果一件申请包括多项发明，则需要对该申请进行分案。设备或部件之间的单一性，要求它们是特定用于实施方法的，或至少是实施方法中的一个

---

① 《印度专利法》（2005）第8条第（2）款。
② 《印度专利法》（2005）第10条第（4）款。

步骤。

不同类别的独立权利要求可以构成单一的发明。例如：

a. 产品权利要求与特定地适用于产品制造的方法构成单一的发明；

b. 方法权利要求与特定地适用于实施该方法的设备或部件构成单一的发明；

c. 铸造工件的模具、制造该模具的方法与利用所述模具铸造工件的方法构成单一的发明；

d. 包括插头和插座的锁定系统中，关于插头和插座的单独的独立权利要求构成单一的发明；

e. 包括发射器和接收器的信号传递系统构成单一的发明；

f. 如果发明涉及新型的喷雾瓶，权利要求应该限定喷雾瓶本身（产品）以及制造喷雾瓶的方法（方法），关于该产品和方法构成单一的发明。

### 2.3.1.6 特殊领域的专利审查

1. 生物医药领域的专利审查①

印度专利法在生物医药领域专利保护主题方面的规定与中国相比，存在以下几方面的不同之处。

（1）印度专利法不保护未改善已知物质的已知功效的新形式，即印度专利法要求必须是药物治疗疾病的功效提高而不能仅仅是物质某方面的性能提高。相比之下，中国专利法对已知物质的新形式予以保护，只要该新形式能够通过实验证明其某方面的性能例如药物的稳定性、吸潮性出乎意料地提高了即可。

具体来说，印度专利法中明确规定：已知物质的盐、酯、醚、多晶型物、代谢产物、纯净形态、颗粒大小、异构体、异构体混合物、复合体、结合或其他衍生物应视为与该物质相同的物质，除非它们在性能功

---

① 参考"印度与中国的发明专利授权条件对比"，https：//mp. weixin. qq. com/s? __biz = MzI5NDAzNjQxNw = = &mid = 2652831887&idx = 1&sn = 4c5778ebc50a6c7b7a55aba78408 10eb&chksm = f7835621c0f4df37c8d15ddba8104d7c32a3e74c780b4ef56932092d1ee36209887ea6c1eea 3&mpshare = 1&scene = 23&srcid = 1209fllrFrQojLnHDkW3c8lA&sharer _ sharetime = 157590067 4433&sharer_shareid = 4f4079855ac499b64b5fedb2dd681597#rd，2019 年 8 月 15 日访问。

效方面与该物质存在很大差异。

为了具有专利性，任何已知物质的盐、酯、醚、多晶型物、代谢产物、纯净形态、颗粒大小、异构体、异构体混合物、复合体、结合或其他衍生物必须具有与功效（具体到药物即为治疗疾病的功效）相关联的不同性能，具体必须通过对比实验表明满足两个条件：a. 已知物质的功效必须提高；b. 这种新形式物质具有与已知物质不同的性能，该性能导致已知物质的功效提高。而且，这种对比实验应当是在提交申请或者该申请优先权日之前进行，而不是在提交申请后的后续研发过程中才补做的实验，这种对比不要求必须是定量的，可以是定性的。

印度专利审查指南中关于多晶型物、药物前驱体和立体异构体是否属于印度专利法的保护客体，具体有如下规定：

a. 多晶型物：通常晶体存在多种晶型，这些新晶型通常被认为是现有技术，所以不具有专利性，除非该新晶型在已知功效方面具有意料不到的显著提高才能得到保护。

b. 药物前驱体：药物前驱体是在体内可以产生活性组分的非活性化合物。药物前驱体和药物代谢物通常相关联。通常药物前驱体的创造性取决于每个案子的情况，一般不被保护，但是如果具有相比之前的原始药物具有已知功效的显著改善，则药物前驱体具有专利性。

c. 立体异构体：已知某化合物具有手性碳，其对映异构体通常存在两种光学活性形式的异构体：R 型和 S 型。在印度专利法中具体特定的构型 S 型或者 R 型，通常不属于被保护的客体。然而，它们在中国通常属于专利法规定的保护客体，只要具有通常的新颖性、创造性（不一定要求提高了已知物质的功效），就可以获得专利权。印度专利法认为，只有第一次要求保护具有手性碳的新化合物才可以得到专利保护，而由于分离得到的特定 S 型或 R 型异构体则不能得到专利保护。例如当发现 S 型异构体化合物具有比 R 型更优异的抗糖尿病效果时，这样的 S 型异构体化合物不能得到专利保护。

需要说明的是，虽然印度专利法排除的保护客体中关于已知物质的新形式具有如上规定（不仅某方面属性提高，而且必须已知功效具有实质性提高），但是对于制造已知物质的新形式的方法还是给予专利法保护的。例如，上面所述新晶型的制备方法，如果其具有创造性则是可以获得专利权的（不要求已知物质的功效必须提高）；已知化合物的提纯方法、制备改善了吸潮性的水合物的方法、节省成本的药物前驱体的制备方法、使其稳定性提高的含有某已知物质的混合物及其制备方法等，通常如果具有创造性则均是印度专利法保护的客体。

（2）根据印度专利法的规定，已知的工艺、机械或装置用途的发现，除非能够产生新产品或者至少产生一种新反应物，否则不给予专利保护；已知物质的新特性或新用途通常不给予专利保护。

具体来说，例如，在印度专利审查指南中有这样的例子：乙醇在现有技术中作为溶剂，现在发现其具有抗爆性，该新的性能可以使得乙醇用作燃料，则该新用途不具有专利性；而在中国该新用途可以作为专利保护客体。又如，阿司匹林以前是作为止痛剂使用，现在发现其新用途，即作为心血管疾病治疗药物，则该新用途不能受到印度专利法保护。但是新的制备阿司匹林的方法可以申请专利，即印度不保护已知化合物的新用途。这与中国不同，中国保护已知化合物的新用途。其中关于治疗疾病的新用途，中国是通过制备治疗某疾病的药物的用途方式来保护的，例如，在中国权利要求写成"一种化合物用于治疗心血管疾病"，这种情况下与印度相同，同样不能得到中国专利法保护；但是如果写成"一种化合物用于制备治疗心血管疾病的药物"，则在中国属于专利保护客体，能不能授权取决于是否具有创造性等其他授权条件。

（3）生命体相关的发明。印度关于生命体的制备方法不给予专利保护，天然来源的生命体的部分及全部均不予以保护。然而，在中国，若发明涉及生命体的制备方法特别是生物学介入的制备方法，通常属于专利保护客体。而且，中国通常也保护部分生命体，只要不是能够独立产生生命体的组织，一般情况下是受到专利保护的。

任何人造的生命体（如转基因动物、植物及其部分）在印度都不能得到专利保护。在印度，任何植物或动物，或者植物、动物的部分（除微生物之外）均不能获得专利保护，人造来源的组织（如微生物、疫苗）是可以授予专利权的，这与中国不完全相同。两者相同之处是中国也不保护植物或动物，而保护微生物和疫苗；不同之处是在中国植物、动物的部分（如特定的动物、植物组织）具有工业用途的发现，属于专利保护客体。

印度专利审查指南中详细解释了生物材料如果实质上不是主要由人工干预产生的，如器官、组织、细胞、病毒等以及其制备方法，均不能被授予专利权。如重组 DNA、质粒和制备它们的方法，如果实质上主要是由人工干预产生的，则可以授予专利权，并且应当定义所述 DNA 或质粒的具体功能。

在印度，不给予天然基因、蛋白质序列专利保护。然而，在中国，如果发现了有工业应用的用途，则该发现或分离的基因或蛋白质氨基酸序列是能够给予专利保护的。

在印度，基因修饰的基因/DNA 序列在其功能被义务公开的情况下可以被授予专利权，这和中国的规定相同。

印度和中国在以下方面规定相同：与微生物有关的方法或者使用微生物制造化学物质的方法可以被授予专利权；然而，本质上属于生物学的方法用于制造动物和植物（如接枝或杂交）不能被授予专利权。

印度专利法规定，任何对人类、动物、植物或环境造成伤害的方法和生物材料包括它们的使用，均与公共秩序和道德冲突，故不能被授予专利权。克隆人类或动物的方法、修饰基因、人类或动物的基因确认、处于任意目的的人类或动物胚胎的使用，均违背伦理道德和公共秩序，故不能被授予专利权。

这里要说明的是，与中国相同，印度同样要求在说明书中说明生物材料的来源和产地。

在印度，针对生命体的治疗、预防、手术、诊断、理疗方法不给予专利保护，这点和中国基本相类似。其中，任何用于治疗、手术、预防、诊断或者其他处理人类疾病的方法，或者任何用于对动物进行上述类似处理的方法，使得人类或动物免于疾病或者提高动物的经济价值或产品价值的方法，均不能获得专利保护。而在中国，提高动物的经济价值或产品价值（如牛奶）的方法是专利保护的客体。

2. 涉及计算机程序的专利审查

在印度，涉及计算机程序的专利被称作"与计算机相关发明"

（Computer Related Invention，CRI）。《印度专利法》（2005）第 3 条第（k）项规定，本质上属于数学或商业方法，或者计算机程序本身，或者运算法则，不属于发明专利保护的内容。为了进一步明确 CRI 可专利性的审查标准，印度专利局于 2017 年发布了新的《印度与计算机相关发明（CRI）审查指南》（以下简称新版《印度 CRI 指南》）。新版《印度 CRI 指南》彻底删除了上一版《印度 CRI 指南》中对"新颖硬件"的要求。

新版《印度 CRI 指南》中提出《印度专利法》（2005）第 3 条第（k）项规定的可专利性应当根据发明的实质而非形式进行评估。新版《印度 CRI 指南》继续强调为了判断发明的实质将权利要求作为一个整体来审查的必要性。新版《印度 CRI 指南》中指出：如果一项权利要求，不论其是以何种形式，包括方法、过程、装置、系统、设备、计算机程序产品、计算机可读介质，只要落入《印度专利法》（2005）第 3 条第（k）项被排除的范畴内，则该权利要求将不能被授权。然而，如果一项权利要求从整体考虑实质上未落入任何被排除的范畴内，则不应当否决该权利要求。权利要求的实质是通过解释权利要求确定的，一旦解释了权利要求并确定了权利要求的实质，即可评估权利要求的实质是否落入上述被排除的范围内。下面分别针对《印度专利法》（2005）第 3 条第（k）项中涉及的几种情况进行说明。

（1）数学方法。

数学方法（如计算方法，等式方程，查找平方根、立方根以及所有其他类似的智力活动）是不可获得专利的。类似地，仅仅只是抽象数据的处理或者解决纯数学问题而不详细说明实际应用的，也会被确定为不可获得专利。

然而，新版《印度 CRI 指南》也明确指出，有数学公式的权利要求并不一定是"数学方法"权利要求。新版《印度 CRI 指南》进一步规定发明可以包括数学公式，如实施技术程序的系统中的结果可以被授予专利权并且不能被视为数学方法。这些技术程序包括编码，减少通信、电子系统或电气系统中的噪音，以及对电子通信进行加密或解密等。

（2）商业方法。

根据新版《印度 CRI 指南》，如果要求保护的客体涉及具体装置或

者实施一个技术程序，则该客体必须作为一个整体来审查。新版《印度
CRI 指南》中明确指出，只关注与商业有关的活动的客体不能被授予专
利权。例如，如果该客体实质上是关于执行商业、贸易、财务活动、交
易，或通过网络（如提供网络服务功能）购买、销售物品的方法，则该
客体应当被视为商业方法，并且不应当获得专利权。

然而，新版《印度 CRI 指南》也强调了在专利说明书或仅在权利要
求中使用与商业有关的术语不会招致反对意见，例如，"企业""商业
"商业规则""供应链""订单""销售""交易""支付"等。新版《印
度 CRI 指南》规定了更为客观的标准来评价客体是否属于商业方法。在
这种情况下，如果发明的实质与商业方法无关，则正在接受审查的客体
很可能被授予专利权。

（3）计算机程序本身。

新版《印度 CRI 指南》规定了因本身为计算机程序而不能被授予专
利权的客体类别，包括：

a. 涉及计算机程序、指令集、例行程序或子例行程序的权利要求；

b. 涉及存储在计算机可读介质中的"计算机程序产品""具有指
令的存储介质""数据库"或"具有指令的计算机存储器"的权利
要求。

（4）运算法则。

所有形式的运算法则，包括但不限于规则集、程序集、通过有限的
定义指令列表的方式表达的任意步骤序列或任意方法，无论其是否被用
于解决问题，以及无论其是否使用了逻辑、算数或计算方法，都被排除
在可专利性的范围之外。不过，新版《印度 CRI 指南》对运算法则的可
专利性的规定略显笼统，并且目前印度专利局也没有使用该条款的字面
解释。

## 2.3.2 专利授权

### 2.3.2.1 专利授权期限

申请人要想获得印度专利授权，不仅要了解印度专利授权需满足的

条件，也要熟知印度专利法规定的不能给予专利保护的相关内容。申请人只有确保其申请的相关内容没有落入印度不给予专利保护的范围内，其才有可能获得专利授权。

印度专利法中明确给出了 16 个不属于发明专利保护的主题，除了需要满足保护主题的要求以外，印度发明专利的授权还应满足：

（1）具备新颖性；

（2）具备创造性；

（3）具备工业实用性；

（4）说明书充分公开且清楚。

正常程序下，一件专利申请在印度获得授权需要 5—8 年的时间，不过可以利用提前公开和加速审查的操作，最大限度地加快专利授权进程。比如，一件巴黎公约申请，要求在优先权日起 12 个月内就公开，并同时提实审，在 6 个月内收到审查报告后立即进行答辩，一切顺利的条件下最短可以在 2 年左右获得专利权。印度专利权保护期限为自申请日起 20 年。

### 2.3.2.2　专利证书和授权公开

根据印度专利法，申请者提出专利审查请求后，印度专利局对申请者提交的与专利申请相关的发明或者该发明的实质部分以及发明者审查的结果均表示认可，就可以根据法律规定授予该发明专利证书，并公布完整发明说明书、专利注册簿和发明者。根据印度专利法规定，专利证书上的日期必须是提出专利申请的日期，且应记录在专利注册簿上。[①]

### 2.3.2.3　授权决定和驳回决定

经过审查后满足所有授权条件的专利申请将被授予专利权，任何人可以在印度专利授权公布日起 1 年内提出异议（Post – Grant Opposition）。

根据印度专利法规定，专利申请授权后，申请人有义务在每年的 3 月份之前向印度专利局提交关于该专利上一年度的专利实施声明（Form

---

① 中国国家知识产权局规划发展司在《印度知识产权环境研究报告》中指出："根据专利法规定，各种专利证上的日期必须是提出专利申请的日期，各种专利证上的日期均记录在注册簿上"。

27）。在该声明中需说明已授权专利在印度境内的生产经营情况，如专利尚未实施，则需在声明中说明理由。需要注意的是，未按时提交专利实施声明虽然不会直接导致专利权的丧失，但有可能会使权利人遭受100 万卢比以下的巨额罚款，而在此声明中提供虚假信息等情况恶劣者甚至可能会被判处 6 个月以下的监禁。

如果在审查阶段申请人未能在规定期限内提交答复意见，或者答复意见没有被接受，印度专利局将下发驳回决定书，申请人可以在该驳回决定下发之日起 3 个月内向印度知识产权申诉委员会提出上诉。

### 2.3.2.4 专利登记

为更好地保护专利权，避免不必要的纠纷，还需对所授权的专利进行登记。

（1）应在印度专利局保存一份专利登记簿，其中应登记的内容如下：①

a. 专利权人的姓名和地址；

b. 专利权的转让、许可、修改、延期和撤销的相关公告；

c. 法定的影响专利权有效性或权属的其他事宜的详情。

（2）专利登记簿上不得录入任何委托通知，不管是明确的、隐含的还是推断性的，管理局都不得受到这些通知的影响。

（3）在接受中央政府监督和遵循其指示的前提下，专利登记簿应由管理局管控。

（4）根据印度专利法的相关规定，管理局将专利登记簿或其任何部分保管在计算机软盘、磁盘或有安全措施的其他任何电子形式上，都是合法的。

（5）根据《印度证据法》（1872 年 1 号）中的相关规定，经管理局正式授权或代表管理局的官员认证的专利登记簿副本或摘要，在所有法定程序中均可作为有效的证据。

（6）如将专利登记簿全部或部分保存在计算机软盘、磁盘或其他任何电子形式上，则：

---

① 《印度专利法》（2005）第 67 条第（1）款。

a. 印度专利法中提及的登记簿中的事项，应包括保存在计算机软盘、磁盘或任何电子形式中记录的事项；

b. 印度专利法中提及的"任何登记或录入在登记簿中"，应包括将构成登记簿或其部分的事项保存在计算机软盘、磁盘或任何电子形式中；以及

c. 印度专利法中对登记簿的改正，应包括保存在计算机软盘、磁盘或任何电子形式的记录的改正。

## 2.4  专利异议与放弃

### 2.4.1  专利异议

印度专利法中有"异议"（Opposition）方面的规定，具体条款为《印度专利法》（2005）第 25 条，该规定的存在为公众提供了对专利申请的授权与否进行干预的机会，具有增加专利审批力量、增强专利授权稳定性的社会意义。

在印度，授权前提出的异议可能需要 12 个月甚至更长的时间进行处理。授权前提出异议可以作为一种商业策略，延长竞争对手专利申请获得授权的时间。

印度专利制度中的"异议"与中国专利制度中的"公众意见"有一定的相似之处，也有较大的区别。相似之处在于均可在专利申请公开后专利授予前提出意见，但不对专利授予造成绝对性影响。区别主要体现在以下四点：a. 在印度提出"异议"的理由较中国有变化；b. 在印度提出"异议"的时机较中国多；c. 在印度对提出的"异议"进行审理的官方审理人员是异议组而不是审查员；d. 在印度提出"异议"后，审理人员对申请人（专利权人）和"异议"提出者具有转达和反馈义务。

1. 异议的理由

根据《印度专利法》（2005）第 25 条的规定，异议理由主要包括以下几点：

第一，权属纠纷。专利申请人或其在先权利人非法从异议人或其在

先权利人处获得发明创造的。

第二，无新颖性。在完整说明书的任一权利要求中，请求保护的发明已经在该权利要求所享有的优先权日之前被公开在：

a. 1912 年 1 月 1 日当天或之后在印度提交的专利申请文件的说明书中；

b. 在印度或者其他国家的任何其他文件中。

根据《印度专利法》（2005）第 29 条第（2）款或第（3）款的规定，上述公开没有对该发明创造提供启示的，则上述 b 不成立。

第三，自我抵触申请。在完整说明书的任一权利要求中，请求保护的发明已记载在本申请的申请人要求的优先权日当天或之后公布的印度专利申请文件完整说明书的权利要求中，且该印度申请的优先权日早于申请人所要求保护的发明的优先权日。

第四，使用公开。在完整说明书的任一权利要求中，请求保护的发明在其要求的优先权日之前在印度为公知或公用的。

第五，无创造性。在完整说明书的任一权利要求中，请求保护的发明是显而易见的，并且明显不包含任何创造性的步骤，则可参照《印度专利法》（2005）第 25 条第（1）款第（b）项所述，或参照在本专利申请权利要求的优先权日之前在印度公开使用的情况。

第六，非保护客体或授权主题。在完整说明书中，任一权利要求的主题不符合本法关于发明创造的定义，或者按照本法不能被授予专利的。

第七，公开不充分。完整说明书不能充分、清楚地描述该发明创造，或实现该发明创造的方法。

第八，同族专利申请信息作假。申请人或专利权人没有向印度专利局披露本法第 8 条规定的所要求提供的信息，或提供了虚假信息，尤其是与申请人所知的完全相反的信息。

第九，优先权不成立。如果是公约申请，该申请不是由申请人或经申请人授权方在自首次公约国申请日开始的 12 个月内提出的。

第十，遗传资源来源不明。完整说明书中未公开或错误地提供了用于该发明的生物材料的来源或产地。

第十一，属于公知常识。在完整说明书的任一权利要求中，请求保护的发明相对于在印度或者其他地方的任何当地或者本土社区内可以获得的、口头的或其他形式的公知常识，是可预期的。

除上述理由外，不得以其他理由提出异议，如果异议人要求陈述意见，印度专利局应当听取异议人的陈述，并按照规定的方式在规定的时间内处理该意见。

上述异议的理由与中国专利制度中的公众意见相比，第一、第八和第九项异议理由是印度专利异议所特有的理由，即权属纠纷、同族专利申请信息作假和优先权不成立可以在印度作为提出专利异议的单独理由。在中国，权属纠纷属于民事诉讼范畴，与专利授权与否并无直接联系；同族专利申请信息只要不违反保密审查规定，就可被授予专利权；优先权不成立的情况下，还需同时丧失新颖性和创造性才能导致不被授予专利权。

2. 异议的时机

印度专利法中专利异议可在两种情况下提出：一种是专利申请公开后且在专利授予前的任一时间内；另一种是专利申请授予公告后1年内的任一时间。这两种情况均可采用异议程序提出异议请求。印度专利法规定，如果在专利授予前提出异议且异议成立，则不能授予专利；如果在专利授予后提出异议且异议成立，则要撤销专利。

在中国，如果公众意见是在审查员发出授予专利权的通知之后收到的，就不再予以考虑。可见印度专利制度中，提出异议的时间要比中国多出一年。

在印度，授权后的专利收到异议申请后，印度专利局会将异议申请相关情况通知专利权人，专利权人应在收到该通知之日起的3个月内提交书面意见陈述和证据。

印度授权后异议的操作程序以及异议理由与授权前异议相同，两者不同的是：提出授权前异议的人可以是任何人，而提出授权后异议的人只能是利害关系人；另外，提出授权前异议是无官方费用的，而提出授权后异议是需要缴纳官方费用的。

3. 异议的官方审理人员

印度专利局在收到异议请求后，会通过书面命令的方式组成"异议委员会"，该委员会由其指定的官员组成，并将此异议请求以及文件送交给异议委员会审查，异议委员会随后将其意见提交到印度专利局。

在中国，公众意见以意见陈述的方式递交后，是供实审审查员考虑的。可见印度专利制度中，异议的形审与实审是互相独立、分开进行的。

4. 异议的转达和反馈

印度专利局在收到异议后会转达给申请人（专利权人），而中国审查员不会转达。并且，印度专利局会将异议的审理结果分别通知申请人（专利权人）和异议请求人，并且给予双方听证的机会。由此可见，类似印度专利局对于异议的转达和反馈，在中国专利制度中是不存在的。

异议委员会会将意见陈述及相关证据转达给申请人（专利权人）和异议请求人，还会对异议请求进行审查，并在3个月内出具异议建议书，呈报给印度专利局。

收到书面的异议申请书及相关证据后，申请人（专利权人）需要在3个月内对异议申请书进行全面答复，并根据需要提供证据。

收到申请人（专利权人）的答复以及相关证据（如有）后1个月内，异议人还可以再提交一次证据，但该证据的提交仅限于在申请人（专利权人）提交了证据的情形下。除此之外，除非印度专利局指示在组织听证会之前可进一步提交证据，否则双方不能再补交任何证据。

在收到申请人（专利权人）和异议请求人双方的证据和意见陈述，以及异议委员会的异议建议书后，印度专利局官员组织听证会。异议委员会成员可以出席听证会，但无权就异议作出任何决定。双方当事人如果想要参加听证会，需要提前通知印度专利局并缴纳一定的官方费用。如果未提前向印度专利局发出通知，印度专利局有权拒绝其出席听证会。

在听取双方各自意见陈述后，参考异议委员会出具的异议建议书，印度专利局将作出异议决定。

## 2.4.2　专利权的放弃

根据印度专利法的规定，在专利申请递交后至专利授权前，申请人可随时通过提交书面请求并支付规定的费用来撤回申请。如果申请人在专利申请日或优先权日（两者取先到者）起 15 个月内提交撤回请求，申请将不会被公布，这种情况下申请人撤回请求后可以重新提交该申请。

专利权人可随时提出放弃专利权的请求，印度专利局在收到该请求后将在官方公报上公布该放弃专利权的请求，并通知其他登记在册的该专利利害关系人。该专利利害关系人可以在官方公报发布之日起 3 个月内针对该放弃专利权请求提出异议，经过相关规定程序后，如果印度专利局同意专利权人提出的放弃专利请求，那么其将要求专利权人退还专利证书，并在官方公报上公布该专利权已被放弃。

## 2.5　专利权的无效

同其他国家基本相同，在印度专利制度中，对已经授权的专利提出无效宣告请求是一项非常重要的制度。由于审查资源相对短缺以及国家所追求的社会效益最大化，各国专利申请的授权基本采用的是登记制、形式审查或有限度的实质审查制。因此专利的授权只能是作为一种推定的权利，其稳定性（可被相反证据推翻性）程度取决于该项申请的审查人员的审查注意力大小。为了实现权利制衡，在专利权人控告他人侵权之后，或者不应授权的专利申请被授权后，他人认为有可能要承担侵权风险时，任何利害关系人可以向印度专利行政部门提出宣告该专利权无效的请求。

中国企业在开拓印度市场过程中，在产品出口到印度后，有可能会面临未知的侵权风险，一旦侵权问题出现，那么除了采取有效的手段积极应对侵权诉讼外，还可以对侵权诉讼中的争议专利提起无效宣告请求。一旦争议专利被认定无效，那么侵权诉讼的基石便不复存在，侵权问题也随文得以解决。

《印度专利法》（2005）第 64—66 条和第 85 条对专利权的无效进行了规定。印度专利制度中的无效部分与中国专利制度中的无效部分在无效时机上相同，但在无效理由和流程上有部分差异。

### 2.5.1 无效的理由

根据《印度专利法》（2005）第 64 条的规定，任何利害关系人可基于下列理由提出专利无效请求。

（1）丧失新颖性——国内在先公开。

国内在先公开，是指完整说明书要求保护的发明，已经在具有更早的优先权日，且在印度已经授权的另一件专利的完整说明书的有效权利要求中申请过。

在印度，当一个专利权利要求请求保护的技术方案在其申请前已经被其他专利的权利要求公开，即"完全公开"，则该技术属于现有技术，不应被授予专利权。结合《中华人民共和国专利法》（以下简称《专利法》）及其实施细则的相关规定，上述印度专利法规定的内容等同于不符合中国《专利法》第 22 条第 2 款规定的"新颖性"条件。

（2）权属纠纷——专利权人无申请资格。

根据印度专利法的规定，专利权人无申请资格，是指专利权人是无权在印度申请专利的人。

印度专利制度具有单独的对专利权人是否具有专利申请权的确权规定。《中国专利法》以及《中国专利法实施细则》并没有将"专利权人无申请资格"纳入专利无效请求的理由之中。在中国的司法实践中，对于专利权人是否有权提出该专利申请的问题属于民事诉讼管辖范围。

（3）权属纠纷——非法侵占。

非法侵占，是指该项专利是通过侵犯无效请求人或其在先权利人所申明的权利而非法获得的。

印度专利制度将通过"非法侵占"获得的专利权列入了无效理由，从立法本意上充分地体现了对真正的专利权人利益的保护。中国《专利法》及其实施细则并没有将"专利权的非法侵占"纳入专利无效请求的理由。在中国的司法实践中，对于判定是否通过非法手段获得专利权的问题属于民事诉讼管辖范围。

（4）无法构成发明的主题。

无法构成发明的主题，是指该完整说明书中任一权利要求所保护的主题不属于印度专利法规定范围内的发明。具体地，不属于发明的主题规定在《印度专利法》（2005）第 3 条。本法条从立法本意来讲，其与中国《专利法》第 5 条、第 25 条的规定相同；从本法条的内容来看，不论是印度还是中国，对于科学发现，智力活动的规则和方法，违反法律、社会公德或者妨害公共利益的发明创造都不授予专利权。同时，出于人道主义的考虑和社会伦理的原因，对直接以有生命的人体或动物体为实施对象、无法在产业上利用的发明不予以专利保护。另外，为了让更多的社会大众在更完善的医疗手段中获得健康保障，疾病的诊断和治疗方法不论是在中国还是印度都属于不授予专利权的主题。但是，对于动物和植物品种的生产方法，在中国是属于专利保护客体的，也就是说，动植物新品种的生产方法在中国可以通过专利来进行保护，而在印度，农业以及园艺的方法是不被授予专利权的。

（5）丧失新颖性——在先公开使用或在先公开。

在先公开使用或在先公开，是指在该完整说明书的任一权利要求中，申请保护的发明已经在该权利要求所享有的优先权日之前在印度为公众所知或在印度公开使用过，或依《印度专利法》（2005）第 13 条规定的在印度及他国的任何资料中公布过而不构成新的发明。

该规定中，有两种情况会导致专利权利要求中请求保护的发明丧失新颖性而无法被授予专利权：其一，专利权利要求中保护的发明被公众所知或在印度公开使用；其二，专利权利要求中保护的发明已经在申请日前在印度以及印度之外的文献资料中公开，说明该发明不是新的发明。这与中国《专利法》第 22 条第 2 款对"新颖性"的规定基本相同。两者仅有的区别在于：在中国《专利法》第 22 条第 2 款"新颖性"规定中，新颖性是指该发明或者实用新型不属于现有技术，而现有技术是指在申请日以前在国内外为公众所知的技术。进一步结合中国《专利审查指南》第二部分第三章第 2.1 节对于现有技术的说明，即"现有技术包括在申请日（有优先权的，指优先权日）以前在国内外出版物上公开发表、在国内外公开使用或者以其他方式为公众所知的技术"可知，中国《专利法》所指现有技术包括：公开发表在国内外出版物上的技术、在国内外公开使用的技术、以其他方式为公众所知的技术。而《印度专利法》（2005）对于评价专利权利要求请求保护的发明是否构成新的发明的规定中，很明确地没有将在（印度）国外公开使用列为影响技术方案新颖性的理由。

（6）缺乏创造性。

缺乏创造性，是指在完整说明书的任一权利要求中，申请保护的发明相对于在该权利要求所享有的优先权日之前在印度为公众所知或在印度公开使用过，或者相对于在印度或他国公布过的技术是显而易见的或不含任何创造性步骤。

该规定和中国《专利法》第 22 条第 3 款对"创造性"的规定基本相同，也就是说不满足中国《专利法》第 22 条第 3 款的规定的发明不应被授予专利权。还需要说明的是，印度专利法中规定，个人文件所记载的内容并不构成法律规定的"公众所知"；技术的秘密试用或者秘密使用并不构成法律规定的"公开使用"，该部分规定与中国《专利法》中对"公众所知"和"公开使用"的理解是相同的。

此外，《印度专利法》（2005）第 64 条第（2）款第（b）项中规定"当专利涉及一种方法，或者一种通过所描述或申请专利的方法制造的产品时，则以该种方法制造的产品从国外进口到印度应在进口之日便构成在印度公开或实施该项发明，除该项产品的进口只是为了合理试用或实验外。"该规定进一步明确了进口产品构成在印度公开使用的时间节点，同时也排除了"为了合理试用或实验的产品的进口构成在印度公开使用"的情况。

（7）缺乏实用性。

缺乏实用性，是指在完整说明书的任一权利要求中申请保护的发明是不实用的。

该规定等同于不符合中国《专利法》第 22 条第 4 款关于"实用性"的规定。

（8）公开不充分。

公开不充分，是指在完整说明书中，没有对请求保护的发明或其实施方法进行充分、完整的说明。也就是说，完整说明书中包含的对该项发明的方法的描述或对实施本发明的指导，不足以使该项发明所属技术领域或相关领域的普通技术人员实施该项发明，或者该完整说明书没有公开申请人所知的、有权申请专利保护的实施该项发明的最佳方法。

该规定限定的内容是要求专利说明书的公开要对发明或其实施方法做出充分、完整的说明，以所属技术领域的普通技术人员能够实施作为判断标准。该规定与中国《专利法》第 26 条第 3 款的规定本质基本相同。但是，《印度专利法》（2005）还进一步规定，如果完整说明书没有公开申请人所知的、有权申请专利保护的实施该项发明的最佳方法，那么也将构成对该专利提起无效的理由。该理由在中国《专利法》中并没有涉及。

（9）权利要求限定不清楚。

权利要求限定不清楚，是指没有对完整说明书中权利要求的范围进行充分、清楚的限定，或完整说明书的任一权利要求没有获得说明书所公开的内容的完全支持。

该规定限定的内容与中国《专利法》第 26 条第 4 款即"权利要求书应当以说明书为依据，清楚、简要地限定要求专利保护的范围"相类似。但是印度还将"权利要求保护的主题和说明书中所公布的主题不完全相符"作为不授予专利权的理由之一，在中国《专利法》中并没有相关规定。

（10）虚假申请。

虚假申请，是指该专利是根据错误的建议或陈述获得的。

中国《专利法》中没有类似规定。

（11）无法授权的发明主题。

无法授权的发明主题，是指完整说明书中权利要求的主题依据《印度专利法》（2005）不能被授予专利。

根据《印度专利法》（2005）的规定，涉及原子能的发明不能被授予专利权。该规定和中国《专利法》中原子核变换方法和用该方法获得的物质不能被授予专利权的规定类似。

（12）国内秘密使用。

国内秘密使用，是指完整说明书的权利要求中申请保护的发明，在权利要求所享有的优先权日前在印度被秘密使用过。

《印度专利法》（2005）将"秘密使用"列为了专利无效的理由。也就是说，对于任何一项专利技术而言，只要其在印度国内被秘密使用，就可以请求撤销其专利权，即相当于中国的专利无效，但仅为合理试用或实验的目的使用除外。但是，在该点上，中国《专利法》只将国内外公开使用作为无效的理由，而"秘密使用"并不构成公开使用，所以"秘密使用"在中国《专利法》中不构成无效理由。

（13）提供虚假信息。

提供虚假信息，是指专利申请人没有向印度专利局披露《印度专利法》（2005）第8条所要求提供的信息，或提供了虚假信息，尤其是与申请人所知完全相反的信息。

中国《专利法》第36条规定，"发明专利的申请人请求实质审查的时候，应当提交在申请日前与其发明有关的参考资料。发明专利已经在外国提出过申请的，国务院专利行政部门可以要求申请人在指定期限内提交该国为审查其申请进行检索的资料或者审查结果的资料；无正当理由逾期不提交的，该申请即被视为撤回。"在中国审查实践中也充分地体现了非必须的审查原则，也就是说除非在审查员的要求下，一般情况申请人不会主动向审查员提供相应的他国的检索、审查资料。而且中国专利法只规定应审查员要求提供上述材料，对于该材料为虚假材料的情况，并没有被列入无效理由中。

（14）违反保密条款。

违反保密条款，是指申请人违反《印度专利法》（2005）第35条规定的保密条款，或者触犯该法第39条的规定在国外提出专利申请。

该规定主要体现在两方面：第一，涉及防御目的的国防安全或原子能的专利申请须经中央政府审查后方可进行公开授权，否则不授予专利权；第二，印度的居民除非收到印度专利局或者其代表人的授权和指示并依法得到书面准许，否则不能为了授权目的而在国外提交发明专利申请，除非相同的专利申请在印度提交申请之日起不少于6个星期之后再在国外提交申请的才可以获得授权。

对应上述规定，在中国《专利法》中，涉及国防安全的专利申请需转送国防专利局进行相应审查，也就是说在中国涉及国防安全的专利申请不会构成不授予专利权的理由，而印度则相反。涉及原子能的申请，中国立法明确规定对用原子核变换方法获得的物质是不授予专利权的。

（15）欺诈获得修改许可。

欺诈获得修改许可，是指通过欺诈手段获得根据《印度专利法》（2005）第57条或第58条对完整说明书进行修改的许可。

中国《专利法》第33条和第45条以及中国《专利法实施细则》第65条将超范围修改列为了无效理由，即对权利要求书以及说明书的修改超出了原权利要求书和说明书记载的范围，就可以被请求宣告无效。但是，在中国《专利法》中并没有涉及修改说明书的许可是通过欺诈得到的即可导致专利权无效的相关条款。而《印度专利法》（2005）中的该规定进一步完善了对于欺诈许可的惩处方式。

（16）生物材料的来源或产地的提供问题。

生物材料的来源或产地的提供问题，是指完整说明书中未公开或错误地提供了用于该发明的生物材料的来源或产地。

在印度的专利无效理由中，对于遗传资源发明的要求更为苛刻，只要是专利说明书没有披露或错误地提供了用于该发明的生物材料的来源或产地，就可以被请求宣告无效。而在中国《专利法》中，只有通过违反法律、行政法规的规定获取或者利用遗传资源，并依赖该遗传资源完成的发明创造，才不被授予专利权。

（17）创造性问题。

创造性问题，是指在该完整说明书的任一权利要求中，申请保护的发明相对于在印度或者其他地方可以获得的口头的或其他形式的公知常识，是可预期的。

《印度专利法》（2005）中的该规定，其立法本意实际还是和中国《专利法》中关于创造性（中国《专利法》第22条第3款）的规定有相似之处，该规定的本质是指专利请求保护的技术方案相对于印度或者其他地方的口述、公知常识是可预期的，也就是说是无须付出创造性劳动的。

归纳起来，在印度专利无效理由和中国专利无效理由的对比中，有以下几点需要留意：

第一，由于印度的外观设计独立拥有一部印度外观设计法，所以印度专利法的专利无效条款中并不涉及外观设计。

第二，印度专利法和中国专利法一样，都将专利是否具有新颖性、创造性以及实用性作为无效理由之一。在评价新颖性和创造性的过程中，均将国内外记载公开以及国内公开使用作为评价理由。但是在印度，国外在先公开使用不作为评价理由，所以在国外在先公开使用不属于无效理由。

第三，印度专利法中，将"秘密使用"列为了专利无效的理由之一，对于任何一项专利技术而言，除特定情形外，只要其在印度国内秘密使用，就可以请求撤销该专利的专利权。

第四，印度专利法中，对于科学发现，智力活动的规则和方法，违反法律、社会公德或者妨害公共利益的发明创造，用原子核变换方法获得的物质，以及对疾病的诊断和治疗方法，农业及园艺的方法都不授予专利权。对上述不能被授予专利权的主题均可提出无效请求。

第五，印度专利法并没有将超范围修改的问题列入无效理由之中。

第六，印度专利法中并没有对"同一发明只授予一项专利权"可作为无效理由的规定。

### 2.5.2 无效的流程

1. 无效时机

从无效请求提起的时机来看，不论是印度还是中国，都可在专利授权公告后且在专利权有效期的任何时间，提起针对该专利权的无效宣告请求。

2. 无效请求的受理

在印度，针对授权专利提起无效宣告请求的受理单位是印度知识产权申诉委员会和印度高等法院，若涉及侵权诉讼中的反诉申请，只有印度高等法院才有权进行受理及审理。而在中国，无效请求的受理单位是中国国家知识产权局专利局复审和无效审理部（以下简称专利复审和无效审理部），同时其也具有对受理的无效请求案件进行审理的职能。

此外，在印度，针对授权专利提起无效的请求人除了利害关系人以外，还有印度中央政府和侵权诉讼中的假定被诉人（Supposed Infringer in a Counter Claim）。

3. 无效程序

在印度提起无效请求的程序包括：利害关系人或印度中央政府可以就如前所述的无效理由向印度知识产权申诉委员会提起无效请求；在专利侵权诉讼中，也可以直接向印度高等法院提起专利无效请求。在印度中央政府提起的无效请求中，如果专利权人没有符合印度中央政府的要求，印度高等法院可以判决专利无效。

对于强制许可的专利，印度中央政府或利害关系人可以基于以下理由提起不实施（Non – Working）无效请求：授权的发明在印度领土内不曾实施，或公众对于授权的发明的合理要求未被满足，或授权的发明未以合理可负担的价格出售给公众。以不实施为无效理由提起无效请求的时机需要在首次强制许可后 2 年。

4. 无效决定的公开

印度专利制度中的无效决定在相当于中国专利公报的官方期刊（Official Journal）上公开。该官方期刊每星期五刊出一次，通过印度专利局的官网可以查阅官方期刊的内容。

## 2.6 专利权的转让、许可和抵押

### 2.6.1 专利权的转让

依据印度专利法的规定，任何专利权人都有权根据法律规定转让其专利权，从而获得专利的收益或与本专利相关的权益。专利受让人需要向印度专利局申请将其所有权登记或将其权益的通知登记在案，且按规定方式提交登记以上权利的书面申请文件，以及支付应付的官方费用。[①]印度专利局通常会在收到转让请求后 6 个月内完成专利转让相关事宜。

专利的转让登记必须以提交书面请求的形式。转让人与受让人需已达成共识，且根据法律规定签署了记录转让相关人员权利和义务的协议

---

① 《印度专利法》（2005）第 69 条第（1）款。

文件，否则该文件不具备法律效力。通常专利转让登记所需文件包括规定的请求文件，受让人签字的委托书原件，以及转让人与受让人签字的明确指明专利转让的转让协议原件，若存在任何影响本专利权之所有权的其他文件，也需要将其副本按照规定方式递交印度专利局予以认证。

印度专利转让的官方费用取决于申请人（专利权人）的类型，包括自然人与非自然人（小型体与非小型体）。另外，专利是否已授权也影响专利转让的官方费用金额。

## 2.6.2 专利权的许可

### 2.6.2.1 一般许可

专利权人有权根据法律规定通过许可他人在一定时间、一定范围内实施该专利，以从中获得实施该专利的收益。许可方式可分为独占许可和非独占许可。在侵权诉讼中，独占许可的被许可人与专利权人拥有相同的权利；非独占许可的被许可人在要求专利权人提起侵权诉讼的 2 个月后，专利权人仍未提起相关诉讼的，其才拥有与专利权人相同的权利。[1]

### 2.6.2.2 强制许可

为推动专利的应用和推广，保证已授权的专利在印度没有拖延商业应用，并确保已授权专利的相关产品能够让公众以合理的价格获得，印度专利法规定专利权人必须实施已授权的专利。

印度专利法对于权利人不实施专利的行为规定了严格的限制，在专利授权 3 年后，任何利害关系人认为印度公众对于专利发明的合理需求没有得到满足或者公众无法以合理价格获得专利发明，均可申请强制许可。[2] 因此，如果在印度申请的专利被授权，但在 3 年内未实施，则该专利可能会被申请强制许可。[3] 但强制许可只能是非独占许可，许可权不得转让。另外，如果在首次强制许可起的 2 年内，授权专利仍未实施

---

[1] 《印度专利法》（2005）第 109 条和第 110 条。
[2] 《印度专利法》（2005）第 84 条。
[3] 《印度专利法》（2005）第 85 条。

的，则可以申请将该专利撤销。

如果印度专利局认为专利权人未充分实施其发明专利，或者授权协议不合理，都有可能授予申请人强制许可的权利。在实践中，印度专利局已于 2012 年首次批准了其本土仿制药企业针对某抗癌药品专利提出的强制许可请求。

1. 强制许可的目的

根据印度专利法，强制许可的一般目的是保证授权专利在印度境内没有拖延商业应用，确保授权专利相关产品能够让公众以合理价格获得，以及未不公开地损害正在印度领域内实施或者改进受专利保护的发明的任务人的利益。

2. 强制许可涉及的主体

（1）请求主体。

任何利害关系人都可以向印度专利局提出强制许可请求，包括曾经与专利权人签订许可协议的被许可人。专利权人不能用曾经的协议来对抗强制许可请求。

（2）被请求主体。

强制许可的被请求主体包括专利权人和独占实施许可人。

（3）审查主体。

强制许可申请的审查一般由印度专利局负责。在一些特殊情况下，印度中央政府也可以发布强制许可。

3. 申请强制许可的法定情形

自专利授权之日起 3 年后的任何时间，任何利害关系人可以依据以下理由向印度专利局申请强制许可：

（1）授权专利未满足公众的合理需求；

（2）公众不能以合理的价格获得专利产品；

（3）该专利没有在印度本土内实施。

以下情形中，公众的合理需求可视为未被满足：

a. 许可实施的程度不充分，或者条件不合理；

b. 未提供或披露在印度制造的专利产品的出口目标市场；

c. 专利权人强加非专利相关的条件，例如，对专利产品的购买、出租或使用强加限制条件，加入独占回授条款，阻止被许可人质疑其专利有效性，强制打包许可等。

4. 印度中央政府发布强制许可的情形

在国家紧急状态或公共非商业性使用等特殊情况下，印度中央政府认为有必要的，其在任何时候都可在政府公报上针对某专利发布强制许可。常见的紧急情况是公共健康危险。

政府公告发布后，任何利害关系人可针对该专利向印度专利局提出强制许可申请。印度专利局应当以合理的条件授予申请人强制许可。

5. 强制许可的申请程序

强制许可的申请人应当提交一份声明，并说明理由和事实。印度专利局可以要求强制许可申请人向专利权人和登记的与该申请专利有关的任何利害关系人发出强制许可请求的复件。

专利权人或任何想要反对该强制许可的人，可在规定期间内提交反对意见。针对反对意见，印度专利局应当通知强制许可申请人，并给予双方陈述意见的机会。

自收到强制许可申请日起，印度专利局一般在 6 个月内作出决定。但是，强制许可申请的处理过程可以延期。如专利权人已经采取迅速及合理的措施开始专利实施，可以申请延期强制许可听证，但是延期不能超过 12 个月。

6. 被许可人的权利

强制许可只能是非独占许可，而且被许可权不得转让。《印度专利法》（2005）第 92A 条中，新增加了某些特殊情形下用于出口专利药品的强制许可条款，该条款使得强制许可下的印度仿制药可以出口到无相关生产能力的国家或地区，前提是该国家或地区已经颁布了强制许可，或者以公告等形式宣布允许从印度进口该专利药品。

7. 强制许可协议的终止

如果作出强制许可的情形已经不存在，而且不可能再发生，应专利权人或其他利害关系人的申请，印度专利局可以终止自己授予的强制许可。

8. 印度专利法对药品强制许可制度规定的特点

首先，提出药品专利强制许可申请的主体广泛，"任何利害关系人"均可提出申请。《印度专利法》（2005）第92条规定，印度中央政府可以直接作出实施强制许可的决定。除此之外，"当事人"或"利害关系人"也可以向印度专利局做出针对某种药品的强制许可的申请，只要其提出的证据能够通过审查，印度专利局就会做出实施强制许可的决定。

其次，申请药品专利强制许可的理由宽泛。印度专利法规定，个人申请药品专利强制许可的条件有三个：一是该药品的使用不足以满足公众的需求；二是公众不能以合理的、可支付价格获得该药品；三是该药品未能在印度境内使用。

最后，对专利权人的补偿少。根据TRIPs协议第31条第（h）款的规定，考虑到有关许可的经济价值，在每一种情况下应向权利持有人支付适当报酬。印度专利法亦规定被许可方要按照一定比例向专利权人进行经济上的补偿。

由此可见，印度专利法利用专利强制许可制度为本土仿制药提供了诸多保护，以保护弱势群体的健康权，也为印度仿制药的发展提供了较为有利的法制环境。反观中国，中国政府对于药品专利强制许可的使用始终较为审慎。中国专利法颁布至今未曾有过一个"专利强制许可"的案例，其中的许多条款就是对TRIPs协议规定的复制，甚至高于TRIPs协议规定的实施条件。通过对两国专利法的比较，可以发现中国专利法关于药品专利强制许可的实施条件比印度专利法要严格得多。首先体现在申请强制许可的主体范围受限。不同于印度的"任何利害关系人"均可提出申请，除政府部门之外，中国专利法要求药品专利强制许可的申请主体应当能够证明其以合理的条件请求专利权人许可其实施专利，但未能获得许可，这在很大程度上限制了申请的提出。其次是中国实行药品专利强制许可的条件更为严苛。中国专利法将进行强制许可的条件限定在为了公共健康目的，相比印度缺少了"该药品的使用不足以满足公众的需求"和"公众不能以合理的、可支付价格获得该药品"两项申请条件。

总结来说，在强制许可申请中，印度专利局需根据提交的申请许可文件对被许可的专利权实施者的权限进行记录。在强制许可过程中，印度专利局应努力确保：

（1）专利权所有人或利害关系人可能获得的报酬，就发明的性质、专利权所有人在制造发明或开发发明以及取得专利权和确保其有效等其他相关因素方面所产生的费用来说，是比较合理的；

（2）被授予许可证的相关人员可以最大范围地充分实施该专利，并能获得合理的利润；

（3）公众可以以合理的价格获得已授权专利的相关产品。

### 2.6.3　专利权的抵押

根据印度专利法的规定，任何人有权根据法律规定抵押其专利权以获得专利的收益，或者作为转让抵押权的接受者、专利实施权者或其他获得专利的任何权利人员，印度专利局需要根据法规对这些人员的权限注册在案，并且根据相关规定要求以上人员提交登记以上权利的书面申请。

请求专利权抵押的，需根据相关规定提交专利权抵押的请求书及双方依照法律法规签署的规定了设定权利或有关权益详情的协议。印度专利局需根据提交的关于专利权抵押的文件对专利权的抵押进行记录。

# 2.7　专利权的保护

### 2.7.1　专利权的保护范围

#### 2.7.1.1　权利范围

1. 印度的专利权范围

印度专利侵权评估的第一步是通过权利要求确定专利权的权利范围。为此，根据说明书中所包含的描述来理解权利要求书。在 *Merck Sharpe Dohme v. Glenmark Pharmaceuticals* 案中，印度德里高等法院认为该专利的保护范围取决于：

（1）权利要求书的性质。

（2）专利权人在专利说明书中的信息披露。

印度最高法院在 *Bishwanath Prasad Radhey Shyam v. Hindustan Metal Industries AIR* 1982 SC 1444 案中依据英国判例法认为，解释说明书的适当的方式不是先阅读权利要求书中对于发明的完整描述，而是先阅读发明的说明书，从而准备了解发明的具体方案是什么。此外，阅读专利权利要求书时，法院不应考虑披露的技术和产品是否已经被应用于工业，而应仅检查发明中有什么新技术以及如何实现该技术。侵权评估时将权利要求要素和被控侵权产品或方法要素进行比较，如果被控侵权产品或方法与所解释的权利要求要素相对应，则构成侵权。

专利说明书必须给出一个有目的的解释，而不是纯粹的文字说明。印度法院遵循 *Catnic* 案（*Catnic Components Ltd v. Hill & Smith* 1981 *FSR* 60）在解释专利说明书过程中适用的"目的性规则"。在 *TVS Motor Company Ltd. v. Bajaj Auto Ltd.*，2009（40）*PTC* 689（*Mad*）案中遵循了在评估侵权指控时，必须检查被指控的侵权行为是否已经涉及了该发明的实质内容，忽略了某些部分或添加了特定部分。此外，在 *F. Hoffmann-La Roche Ltd. & Anr. v. Cipla Ltd.* 案中，印度德里高等法院发现，在某些情况下，被控侵权产品与专利发明的权利要求并不完全相符合。该法院承认，被控侵权产品似乎实质上包含了专利产品，但也包含了其他部分或变体。因此该法院认为，在此种情况下，可以通过适用目的性规则来判定是否构成侵权。

印度法院默认对等原则。印度德里高等法院在 1978 年的判例中裁定，必须对发明的"主旨和精髓"进行调查，法院不得在详细的说明书和权利要求之间权衡。印度法院还认为，一项发明的说明书标题并不影响实际权利要求的保护范围。根据印度法律，不能通过添加一个不重要的特征，或者一些琐碎的或不必要的变化或添加来避免侵权。

印度专利侵权判定时会考虑涉案专利的实质性内容，忽略在此实质性内容基础上删除或者添加的某些技术特征，即只要涉嫌侵权产品或者方法覆盖了涉案专利的实质性内容，就构成专利侵权，这些规定比较有利于专利权人。

2. 中国的专利权范围

中国《专利法》第 59 条第 1 款规定的"专利权的保护范围"应当理解为权利人实际能够获得保护的最大范围，是指在权利要求限定的范围基础上通过适用等同原则所扩展到的范围。是否存在等同范围需根据具体案情具体分析。

所谓"权利要求限定的范围"是指由专利授权公告文本中权利要求的文字界定的范围，该范围以权利要求的内容为准，但说明书和附图可以对权利要求的内容进行解释。

在中国，专利授权程序主要是通过对申请文件进行审查以及审查员与申请人之间的交流互动明确权利要求限定的范围。专利确权程序主要是专利复审和无效审理部基于无效宣告请求人的请求，根据无效宣告请求人提出的理由和提交的证据确定已授权的权利要求所限定的范围是否合适。专利侵权判定则是由管理专利工作的部门或者法院在解释权利要求限定范围的基础上，通过对是否适用等同原则以及等同范围的确定，明晰权利人实际能够获得的保护范围。

印度在进行侵权判定时将专利权的范围进行了扩大解释，不考虑专利权的非本质特征，只审查被控侵权物是否包括了所有体现涉案发明本质的技术特征。而中国的侵权判定适用严格的全面覆盖原则，即只有被控侵权物涵盖并体现了涉案发明的全部必要技术特征才被认定为侵权。所以有的在中国国内可以合法实施和应用的技术，在印度实施并销售相关产品时则很可能面临专利侵权风险。

### 2.7.1.2 不视为侵犯专利权的情况

1. 印度专利法中对不视为侵犯专利权的情况的相关规定

（1）《印度专利法》（2005）第 49 条。

在临时或偶然经过印度的外国船舶等中使用专利发明不属于侵权。

① 在外国登记的船舶或航空器，或者外国普通居民拥有的陆地交通工具仅为临时或偶然进入印度（包括印度的领海领水）的，下列情形不属于侵权行为：

a. 仅为在船上的实际需要而将专利发明用于船舶本身或其机器、装备、器械或其他附件上；

b. 根据情况将专利发明用于航空器或陆地交通工具，或者两者的附件的安装或操作上。

② 本条规定不得适用于以下外国的普通居民拥有的船舶、航空器或者陆地交通工具：该国法律并未授予在印度有经常居所的人拥有的船舶、航空器，或者陆地交通工具在该国港口、领水或其他该国法院管辖的范围内使用专利发明的相应权利。

（2）《印度专利法》（2005）第 107A 条。

① 根据印度或者其他国家现行有效的规范产品的制造、建造、使用、销售或进口的相关法律规定，对于为了制造、建造、使用、销售或者进口专利发明而使用、开发与该发明专利相关信息的行为，不视为专利侵权行为；

② 他人根据法律授权进行生产和销售专利产品，任何人从该人处进口该专利产品的，不视为专利侵权行为。

2. 中国专利法中对不视为侵犯专利权的情况的相关规定

中国《专利法》第 69 条规定，有下列情形之一的，不视为侵犯专利权：

① 专利产品或者依照专利方法直接获得的产品，由专利权人或者经其许可的单位、个人售出后，使用、许诺销售、销售、进口该产品的；

② 在专利申请日前已经制造相同产品、使用相同方法或者已经作好制造、使用的必要准备，并且仅在原有范围内继续制造、使用的；

③ 临时通过中国领陆、领水、领空的外国运输工具，依照其所属国同中国签订的协议或者共同参加的国际条约，或者依照互惠原则，为运输工具自身需要而在其装置和设备中使用有关专利的；

④ 专为科学研究和实验而使用有关专利的；

⑤ 为提供行政审批所需要的信息，制造、使用、进口专利药品或者专利医疗器械的，以及专门为其制造、进口专利药品或者专利医疗器械的。

### 2.7.1.3  专利权人的权利耗尽

一项专利的专利权人具有防止他人制造、使用、销售、在专利授权领域出售或将一项发明进口到专利授权领域的专有权。但一旦专利发明产品被无限制地出售，专利持有者对该产品的权利就会被耗尽，这被称为"耗尽原则"或"第一销售原则"。根据耗尽原则，第一次无限制地销售专利产品会使专利持有者失去对该特定产品的控制。换言之，如果专利产品无任何限制地出售，专利持有者就会失去对它的权利。例如，A拥有某项专利，如果A将专利产品出售，那么A将失去对专利产品的权利，即A的买家可以自由地出售、再出售或分销A所出售的专利产品，其行为也不会构成侵权。"耗尽原则"背后的基本原理是，一个已经通过第一次销售获得利益的专利持有者，不能通过控制已出售的产品的使用、转售或分销来获得同样的好处。根据该原则，专利权人在专利申请中所表现出来的排他权利，在第一次出售专利产品时结束。

权利耗尽可以根据耗尽程度分为国际耗尽、国家耗尽和区域耗尽。国际耗尽是指专利持有者的专利产品在国际上被出售的时候，其失去了对产品的专利权。例如，A在印度拥有专利权，如果专利产品在美国被授权销售，那么他在印度的专利权利将会被耗尽。国家耗尽是指，对于一个国家的专利权而言，专利权人或被许可人在国内出售专利产品或依照专利方法直接获得专利产品后，则该专利权在国内耗尽。区域耗尽是指专利持有者在某一特定地区销售专利产品时，耗尽了其对产品的权利。欧盟范围内都遵循区域耗尽的原则。例如，如果A在法国销售他的专利产品，他对该产品的专利权将在意大利耗尽，因为法国和意大利都是欧盟成员国。

在许多国家的法律中，耗尽原则体现为平行进口规定。平行进口即在另一个国家从专利权人或其授权的人处购买专利产品后，进口专利产品的行为并不构成专利侵权。

《印度专利法》（2005）第107A条对平行进口进行了规定。根据该规定，任何人都可以从被授权生产、销售或分销该产品的人处进口该专利产品，且不构成侵权。如果一个人从另一个国家的获得专利授权的人处购买了同样的专利产品，他将不承担专利侵权的责任。这种授权可能来自专利权人、专利局或政府。如果专利或专利保护不存在，就不可能有授权，平行进口规定也将不适用。

例如，如果A的产品在中国获得了一项专利，那么在以下任何条件下，印度从中国进口该专利产品，均不构成侵权：

（1）直接从 A 处购买；

（2）从 A 的被许可人或受让人处购买；

（3）在特定情况下从强制许可人或政府处购买；或

（4）从自上述机制进行购买的任何人处购买。①

如果印度进口的中国专利产品不是从专利权人或其许可人处购买，则构成侵权，那么该产品在进入印度时就不能适用平行进口规定。这一解释确保了专利产品在一个专利保护存在的国家授权销售后，专利持有者的权利被耗尽。它赋予公众以任何方式使用特定产品的权利，而不受专利持有者的限制。专利持有者的利益也受到了保护，因为其有权在一定程度上控制授权，防止在没有专利保护的情况下从他国进口到印度。

结合中国关于专利权区域耗尽的规定，对于印度专利权的区域耗尽，有如下情形需要注意。

（1）如果专利权人就某产品在中国获得专利权，无论该专利产品是否在印度获得专利权，若进口的专利产品来源于专利权人或者其许可人在国外的公开销售，则可以适用权利耗尽进行抗辩。若进口的专利产品来源于与专利权人或者其许可人没有关联的其他人在国外的公开销售，则不能适用权利耗尽进行抗辩。

（2）在相关技术在中国和出口国都获得专利权，但专利权分属不同人的情况下，如果进口的专利产品来源于与本国专利权人或者其许可人没有关联的其他人在国外的公开销售，则不能适用权利耗尽进行抗辩，该进口专利产品的行为构成侵犯国内权利人专利权的行为。②

### 2.7.2 专利侵权诉讼的相关问题

#### 2.7.2.1 专利侵权诉讼的管辖系统

印度目前还没有成立专门的法院来审理和裁决专利侵权诉讼。根据

---

① "Patent Exhaustion in India"，https：//www. bananaip. com/ip – news – center/patent – exhaustion – in – india/，2018 年 12 月 15 日访问。

② "专利权的国内用尽和国际用尽"，http：//web321. veelink. com/case/articleshow. aspx? aid = 1981，2018 年 12 月 15 日访问。

印度专利法的规定，地区法院是专利侵权诉讼的第一审法院。如果被告试图在侵权诉讼过程中质疑专利的有效性，则必须将案件移交至高等法院。然而，根据相关规定，德里、孟买、加尔各答和金奈的高等法院对属于其经济管辖范围内的专利侵权诉讼行使原始管辖权。这意味着可以直接向这些高等法院提出侵权诉讼，前提是必须满足适用的经济金额门槛。

印度成立有商业法院、商业部门和高等法院商业上诉法庭。在高等法院（如德里高等法院）设立了一个单独的商业部门来处理商业事务（包括知识产权纠纷），并在商业事务上采取特别程序。这些特别程序包括严格的时限要求和对不遵守要求行为的严厉惩罚。

大多数的专利侵权诉讼都是在德里高等法院提起的，这使得德里高等法院的法官们更加熟悉印度专利法，并在工作中获得了专业知识。

印度的专利执法适用民事法庭的常规诉讼规则。民事法庭拥有审理和裁决专利侵权问题的专属管辖权。然而，印度专利局和知识产权申诉委员会有权决定专利无效的问题。[①]

### 2.7.2.2 专利侵权诉讼的时效

印度诉讼法对诉讼时效进行了规定，对专利权人维权提出了时限要求，即被侵权方有权在侵权之日起 3 年内提起侵权诉讼。诉讼时效自侵权行为发生之日，而非被侵权方知晓侵权行为之日起开始计算。可见，如果专利权人在专利侵权行为发生后的 3 年内没有发现对方的侵权行为，或者没有在发现侵权行为后及时进行起诉，那么专利权人会因为错过诉讼时效而不能主张其权利。

以上规定与中国的法律规定存在差异，中国《专利法》第 68 条第 1 款规定，侵犯专利权的诉讼时效为 2 年，自专利权人或者利害关系人得知或者应当得知侵权行为之日起计算。虽然在时长上与印度相比缩短了 1 年，但是由于起始日是"得知或者应当得知侵权行为之日"，所以专

---

① "Patent litigation in India: overview"，https：//uk. practicallaw. thomsonreuters. com/4 - 621 - 1358？ transitionType = Default&contextData = （sc. Default） &firstPage = true&comp = pluk&bhcp = 1，2018 年 8 月 15 日访问。

利权人主张专利侵权赔偿的时间相较于印度更为充裕。①

### 2.7.2.3 专利侵权诉讼中的举证责任

1. 印度专利侵权诉讼中的举证责任

对于侵权诉讼过程中的举证责任，《印度专利法》（2005）第104A条有如下规定。

（1）在侵犯主题是获得一种产品的方法的专利诉讼中，法院可以指令被告证明其使用的获得相同产品的方法不同于专利方法，如果：

a. 专利的主题是获得新产品的方法；

b. 相同产品是采用专利方法获得的可能性很大，并且专利权人或者其权利继受人通过合理努力依然不能确定实际使用的方法；

但是，专利权人或者其权利继受人应当首先证明，该侵权产品与采用专利方法直接获得的产品相同。

（2）在考虑一方当事人是否已经履行上述（1）规定的举证责任时，如果法院认为要求其公开任何制造秘密或者商业秘密是不合理的，则法院不应当要求其公开。

值得注意的是，与其他领域的法律规定一样，在专利侵权诉讼中，隐瞒重要事实的行为对任何案件的临时决定和最终结果的裁判都起到举足轻重的作用。

在诉讼过程中没有充分披露事实的情况下获得的任何命令和禁令都是无效的。一旦法院注意到该案件中存在隐瞒事实的情形，会对当事人产生不利的影响。因此，最为明智的做法是对证据事实进行充分披露，从而在专利侵权诉讼中取得对自己有利的判决。②

2. 中国专利侵权诉讼中的举证责任

对于侵权诉讼过程中的举证责任，中国《最高人民法院关于民事诉讼证据的若干规定》第2条规定，当事人对自己提出的诉讼请求所依据的事实或者反驳对方诉讼请求所依据的事实有责任提供证据加以证明。

---

① 智南针："如何在印度开展知识产权维权"，http：//www. worldip. cn/index. php？m＝content&c＝index&a＝show&catid＝54&id＝52，2018年8月15日访问。

② "印度：有关知识产权案件中隐瞒重要事实的法律"，www. lexology. com，2018年12月15日访问。

没有证据或者证据不足以证明当事人的事实主张的，由负有举证责任的当事人承担不利后果。

在中国专利侵权案件中，首先，原告的举证责任主要表现为：证明自己是该专利的合法权利人；证明该项专利证书的合法有效性；提供由国务院专利行政部门公布的专利申请文件；被告侵犯自己专利权的事实；提供请求赔偿损失的数额和计算依据等。其次，被告的举证责任表现为：针对原告的指控证明自己的行为并未侵权，比如证明己方已经取得合法授权，或者己方行为属于法律规定的"合理使用行为"，或者己方使用的是公知技术，抑或己方所使用的技术并未落入原告专利请求保护的范围。[①]

### 2.7.3　专利申请公开后可获得的相关保护

#### 2.7.3.1　临时保护

1. 印度专利申请的临时保护

在印度，专利被授权后可以就侵权行为提起侵权诉讼。但是如果一件专利申请已经被受理和公布但还未获得授权（例如，专利申请处于授权前异议的过程中），那么在此期间申请人不能对侵权行为提起侵权诉讼。但在此期间由侵权行为而造成的损害（例如，自印度专利局受理完整说明书的受理日到授权日期间所造成的侵权损害），可以在损害赔偿诉讼中提出索赔，即该损害适用于损害赔偿但不适用于侵权赔偿。

当专利期限届满，而侵权行为发生在专利期限内时，可以在期限届满后提起诉讼。当一个人错误地获得了一项专利权，而后该专利权又被授予了真正的发明者时，在向真正的发明者授予专利权之前，任何侵权行为都不能被提起诉讼。

2. 中国专利申请的临时保护

中国《专利法》第 13 条规定，发明专利申请公布后，申请人可以要求实施其发明的单位或者个人支付适当的费用。因此，临时保护期使

---

① "浅论知识产权纠纷诉讼中的举证责任"，https：//www. ip1840. com/theory/general/3240. html，2018 年 12 月 15 日访问。

用费是在发明专利申请公布后至专利权被授予前，实施该发明的单位或个人应支付给申请人的一种适当的经济补偿。这与未经专利权人许可实施其专利的侵权损害赔偿性质不同，故申请人不能基于侵权损害赔偿的诉因来主张临时保护期使用费，而只能单独就此项费用提出主张。

申请人不能基于损害赔偿的诉因来主张临时保护期使用费，也不能基于临时保护期的诉因来主张授权后的侵权责任。而且对于在临时保护期内实施落入专利保护范围的行为，如果在授权后的保护阶段只是存在利用临时保护期内的实施结果进一步进行的实施行为，则也应当免除授权后的保护阶段行为人的侵权责任，行为人不需要停止实施行为也不承担赔偿责任。①

### 2.7.3.2 占先性原则

1. 印度专利法中的占先性原则

占先性原则又称专利先用权原则，也就是说，甲乙双方在互不知情的情况下获得了一种技术方案，甲方就此申请专利，而乙方利用相同的技术方案在甲方申请专利前已经进行生产或者已经做好生产准备的情况不属于侵权行为。

2005 年 1 月 1 日之前提出的专利申请，根据印度旧的专利法（2005 年 1 月 1 日之前）规定，在该申请前已进行重大投资并正在生产和销售专利申请所涵盖的产品的企业，即使在专利被授权后也可以继续生产该产品，专利权人不能对这些企业提起侵权诉讼，只能从这些企业获得合理的使用费。

2. 中国专利法中的占先性原则。

中国《专利法》第 69 条规定，在专利申请日前已经制造相同产品、使用相同方法或者已经作好制造、使用的必要准备，并且仅在原有范围内继续制造、使用的情形不视为侵犯专利权。

---

① "专利权的临时保护与授权后保护"，http://www.360doc.com/content/16/0325/12/2472300_545116124.shtml，2018 年 12 月 15 日访问。

### 2.7.4 专利权的保护途径

#### 2.7.4.1 司法保护

印度专利权的司法保护包括民事救济和刑事救济两种。

1. 民事救济

民事救济是印度打击知识产权侵权的有效手段。《印度专利法》第108条为专利权人（原告）提供了以下几种民事救济方式。

（1）申请搜查令：原告可以向法院申请搜查令，以此到被告的住所突击搜查被告所有的文件和其他证据，避免被告在得知诉讼后毁掉证据。

（2）申请临时性禁令（中间禁令）：法院在作出判决前，为了防止产生不可挽回的损失，原告可以向法院申请临时性禁令，临时采取包括扣押、封存、冻结等措施，以保证在法院作出最终判决之前维持现状，防止被告逃避法律责任。申请临时性禁令的具体程序在《印度民事诉讼法典》及《印度特别救济法》中作了规定。

（3）损害赔偿：指对业已造成的损害进行赔偿。一般情况下，赔偿能够对原告的损失进行弥补。

（4）返还利润：在一定情况下，即使被告不知道，或无充分理由应当知道自己从事的活动构成侵权，原告仍可以向法院申请，责令被告返还其所得利润或责令其支付法定赔偿额。

2. 刑事救济

除了民事诉讼，被侵权人也可以同时就侵权人的侵权行为向法院提起刑事诉讼。提起刑事诉讼的具体程序在《印度刑事诉讼法典》中作了规定，法庭可以命令侵权人将侵权产品的复制品及用于侵权的工具交给被侵权人。对侵权人的刑事处罚包括没收侵权产品、罚金和监禁三种。

（1）没收侵权产品：认定侵权行为后，法庭可授权副调查官以上的警官无须逮捕证就可逮捕侵权人，并没收侵权产品或用于生产侵权货物的原料和工具。

（2）罚金：5万至20万卢比不等。

（3）监禁：6 个月以上 3 年以下。

印度专利法没有对专利侵权行为进行对作出准确定义。将涉案专利产品或专利方法与侵权产品或侵权方法进行对比是判断是否构成侵权的最基本的方法，也是唯一的方法。提起侵权诉讼的权利属于被侵权人（如专利权的被许可人、专利权人等）。而制造商、进口商和经销商，以及他们的雇员、代理人，有时甚至包括产品专利的最终用户，都有可能成为侵权诉讼中的被告。

### 2.7.4.2 行政保护①

印度中央政府和各邦政府采取以下措施保护知识产权。

（1）定期检查执法工作。

（2）编写和发行《知识产权法手册》，向政府执法官员提供知识产权法培训。

（3）加强知识产权执法机关的现代化建设。印度通过实施"知识产权办公现代化工程"，在孟买、德里、加尔各答及金奈 4 个城市，按照国际化标准分别建造配备现代化设施和设备的知识产权办公大楼，将专利、设计、商标及地理标志 4 个领域的管理机构整合在一幢大楼办公。

（4）制定详细的操作规程。为保证全国各地知识产权管理机构在执法程序上的一致性，印度制定了《专利操作及程序手册》《商标工作手册》等具体的执法操作规程，供各地执法官员遵照执行。

（5）使用全国统一的知识产权标识。为增强保护知识产权的社会意识，树立良好的执法机关形象，印度规定全国各知识产权管理机构使用统一的标识。

（6）密切协调政府和知识产权组织及产权人的关系。为加强知识产权组织及产权人与执法机关的联系，及时掌握相关信息，印度在 11 个邦及 3 个中央直辖区政府内专门指定一名官员负责协调政府和知识产权组织及产权人的关系。

---

① 参考中国国家知识产权局发展规划司："印度知识产权环境研究报告"，第 11 - 12 页。

### 2.7.4.3 其他保护途径①

为配合政府的知识产权执法工作，加强知识产权的集体管理和保护，印度一些知识产权保护组织成立了民间的行业管理社团。例如，印度软件服务协会，其负责推动政府出台软件产业扶持政策，提高印度软件企业的管理水平和质量标准，向世界积极推介印度软件产业，成功塑造印度软件产业的良好形象，推动印度软件行业知识产权战略布局。

---

① 参考中国国家知识产权局规划司："印度知识产权环境研究报告"，第13页。

# 印度外观设计权

印度与中国不同，印度将外观设计作为一项独立的知识产权专门立法进行保护，包括《印度外观设计法》（2000）以及《印度外观设计规则》（2001）。印度外观设计由印度专利、外观设计和商标管理总局下属的外观设计局负责注册管理。① 注册的方式包括网上电子注册或向孟买分局、金奈分局、德里分局和加尔各答总局提交相关文件。提交注册后，后续程序将由加尔各答总局来负责。

## 3.1 外观设计权的主体与客体

### 3.1.1 权利主体

印度外观设计权的权利主体为外观设计权人，指的是目前登记在登记簿上的外观设计权所有人或受让人。

外观设计权人享有该外观设计的专有权，即外观设计权人享有将已注册的外观设计应用于该外观设计注册的所属类别中的任何商品的专有权。外观设计权人可以为个人，也可以为单位。

### 3.1.2 权利客体

与中国相关法律规定的外观设计类似，印度外观设计权的客体为通

---

① 《印度外观设计法》（2000）第2条第（b）项。

过工业方法或手段施加到产品上的形状、构造、图案、装饰、线条或色彩的组合（二维或三维）等的设计，其判断依据为视觉判断，即外观设计需要对视觉产生作用。但不包括实质上仅为机械装置、建筑模式或原理、商标及艺术作品的设计。[①]

根据印度外观设计法的规定，不受保护的外观设计主题主要为文学或艺术特征的设计，具体包括：

（1）书籍、日历、证书、表格和其他文件、裁缝纸样、贺卡、传单、地图和计划卡、明信片、邮票、奖牌；

（2）标签、代币、卡片、卡通；

（3）任何物品的构造原理或模型；

（4）单纯的机械设计；

（5）建筑物和结构；

（6）非单独制造和销售的产品部件；

（7）交易中常用的变化（Variation）；

（8）仅对某个组件中的部件在生产过程中做出的改变；

（9）仅改变物品的大小；

（10）任何国家的国旗、国徽或标志；

（11）集成电路布图设计。

也就是说，印度外观设计的保护客体也是以产品为依托，脱离工业产品的设计或者仅仅由功能决定的设计均不是印度外观设计的保护客体。

## 3.2　外观设计申请

### 3.2.1　申请文件[②]

申请文件是在外观设计申请程序中以及有效期内逐步形成、并作为

---

① 《印度外观设计法》（2000）第 2 条第（d）项。

② 印度专利、外观设计和商标管理总局："Check List of documents for filing of New Design Applications（online and Offline）"，http：//www.ipindia.nic.in/writereaddata/Portal/Images/pdf/Check_list_for_DESIGN_APPLICATION.pdf，2019 年 12 月 9 日访问。

原始记录保存起来的各种文件的集合。具体包括请求书、外观设计代理委托书、优先权文件、外观设计的图片或照片。

1. 请求书

请求书的内容包括申请人或设计人的英文名称或姓名、地址、邮编、国籍，联系人，表明外观设计是新的或原创性的陈述，外观分类号等。

2. 外观设计代理委托书

委托印度代理人或代理机构申请的，需要填写外观设计代理委托书。

3. 优先权文件

如有优先权，可与申请文件同时提交优先权证明文件原件，也可在申请日起 3 个月内补交，补交时需要说明延期提交理由并缴纳相应费用。

4. 外观设计的图片或照片

（1）至少一张外观设计的图片或照片，一式两份，在每张图上标注六面视图的名称，如立体图、主视图、仰视图、左视图等；

（2）图片可以是线条图、计算机绘图甚至样本绘图；

（3）照片应当用黏合剂黏贴在图片页上，而不得使用订书机、钉子、透明胶等；

（4）制图应当单面使用 A4 大小的纸，不得使用硬纸板；

（5）在图片的左上角标明申请人名称或名称；

（6）在图片的右上角用阿拉伯数字标明总页数和当前页数；

（7）图片页应有申请人或代理机构签章及日期；

（8）图片页中不应包含剖视图；

（9）图片页中不应使用尺寸标记或工程符号等，图片不应为产品的工程图；

（10）可在图中使用虚线以表示物体一些不要求保护的部分，要求保护的部分须在图中以实线示出；

（11）当申请及其他设计要素属于颜色组合时，图中应清楚地显示该颜色组合。

### 3.2.2　申请及其他官方费用

印度外观设计在申请、续展及恢复时都需缴纳相应的官方费用，具体费用如表 3 - 1 和表 3 - 2 所示。

表 3 - 1 外观设计申请官方费用明细

| 类型 | 费用项 | 官方费用（卢比） | | |
|---|---|---|---|---|
| | | 个人 | 小实体 | 其他 |
| 外观设计申请阶段 | 申请费 | 1000 | 2000 | 4000 |
| | 延期提供优先权证明文件副本 | 200/月 | 400/月 | 800/月 |
| 授权登记阶段 | 授权费用 | 500 | 1000 | 2000 |

印度外观设计专利自注册日起 10 年内不需缴年费，如需续展则需缴纳表 3 - 2 中的官方费用。

表 3 - 2 外观设计续展年费及恢复官方费用明细

| 类型 | 费用项 | 官方费用（卢比） | | |
|---|---|---|---|---|
| | | 个人 | 小实体 | 其他 |
| 续展 | 10 年期满后续展 | 2000 | 4000 | 8000 |
| 恢复 | 未续展外观设计在失效 1 年内恢复 | 1000 | 2000 | 4000 |

上述官方费用会不定期进行调整，具体相关费用可以查询印度专利、外观设计和商标管理总局网站的实时费用情况。

## 3.3 外观设计审查

### 3.3.1 审查内容

印度外观设计审查的目的在于确定外观设计申请是否应当被授权，审查内容主要包括如下两个方面。

（1）申请文件是否符合要求。

印度外观设计申请文件包括请求书、外观设计图、委托书等文件，必要时还需要提交优先权等证明文件，外观设计审查时含对这些文件进行审查，具体可参考 3.2.1 中有关申请文件的要求介绍。

（2）是否符合注册条件。

关于注册条件主要涉及《印度外观设计法》（2000）第 4 条（有关禁止注册的外观设计）、第 5 条（外观设计注册申请）和第 6 条（特殊产品的注册）的相关规定。其中，注册条件主要涉及：

a. 外观设计为新的或原创的;

b. 外观设计并非已在印度或任何其他国家的任何地方通过有形出版物,或通过使用或其他方式在申请日前(有优先权日的,在注册申请的优先权日前)被公众所知;

c. 外观设计与已知的外观设计或已知的外观设计的组合相比有显著的区别;

d. 外观设计不应包含诽谤性或淫秽内容。

其中,上述注册条件中的 a 与中国《专利法》第 2 条第 4 款的规定类似,b 和 c 与中国《专利法》第 23 条第 1 款和第 2 款的规定类似,d 则和中国《专利法》第 5 条的规定类似。

### 3.3.2 审查流程

外观设计申请文件提交齐全并缴纳相关费用后,申请被受理,在确定申请号和申请日后,进入审查程序。在印度,外观设计注册申请由印度外观设计局的负责人进行审查,负责人类似于中国审查员的角色。同时对于每一个注册申请,还会有审查员负责检索并生成相关报告供负责人参考。

(1)印度外观设计的审查原则为实质审查,但审查员的检索范围限于印度国内。需要请中国企业注意的是,相比国内形式审查的审查方式,印度的外观设计审查会略为严格。

(2)印度外观设计审查的整个流程,如图 3 - 1 所示。

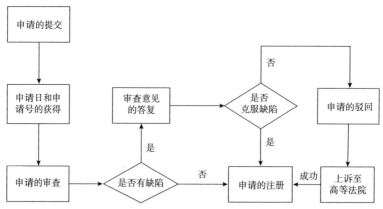

**图 3 - 1  印度外观设计审查流程**

（3）审查周期。

按照当前的审查实践，如果在第一次审查中未发现较大缺陷，外观设计申请通常会在申请日起 6—8 个月内获得授权。如果在审查时发现缺陷，负责人则会通过请求书中填写的地址与申请人或代理人沟通，申请人需要在 6 个月内，或者负责人所认可的补正期限内向印度外观设计局提交补正文件并克服申请中所存在的缺陷。

申请人收到外观设计注册申请的审核结果及带有驳回理由的通知时，可以自收到相关通知 3 个月内提交意见陈述。同时，对于负责人的决定也应给予申请人陈述意见的听证机会。决定举行听证会的时候，负责人会在 10 日内将其认为合理进行的时间通知申请人。申请人在收到该通知书后，应尽快答复，告知审查员是否参加听证。同时，如果要进行电话方式沟通的意见陈述，需要在此之前以传真或者电子邮件的方式提交记载了全部必要信息的意见陈述书，再举行听证。外观设计申请经审查后如果满足所有注册条件，将被授予外观设计权，并在官方期刊（Official Journal）中进行公布。公布后印度外观设计局会下发注册证书。在授权前，申请人有提出分案申请的最后权利。

## 3.4　外观设计权的撤销

同其他国家基本相同，在印度外观设计制度中，对已经注册的外观设计，任何利害关系人都可以在任何时间提出撤销注册请求，该撤销注册的请求类似于专利的无效宣告请求，是一项非常重要的制度。由于审查资源相对短缺以及国家所追求的社会效益最大化，各国外观设计申请的注册基本采用的是登记制、形式审查或有限度的实质审查制。因此外观设计的注册只能作为一种推定的权利，其权利的稳定性（可被相反证据推翻性）程度取决于该项申请的审查人员的审查注意力大小。为了实现权利制衡，在外观设计权人控告他人侵权之后，或者不应注册的外观设计被注册后他人认为有可能要承担侵权风险时，所有利害关系人可以向印度外观设计局提出撤销该外观设计注册的请求。

### 3.4.1 撤销理由

提出撤销外观设计权的理由主要包括:[①]

（1）该外观设计于申请日前已经在印度注册；

（2）该外观设计于申请日前已经在印度或其他国家公开出版；

（3）该外观设计不是新的或原创性的设计；

（4）该外观设计有印度外观设计法规定的不予注册的其他情况。

归纳而言，这与中国外观设计专利的无效基本一致，中国《专利法》第23条规定了外观设计专利权的授权条件。

### 3.4.2 撤销流程

1. 提出时机

从撤销请求提起的时间来看，不论是印度还是中国，都可在外观设计授权公告后的任何时间，提起针对该外观设计权的无效宣告请求。

2. 受理机构

在印度，针对注册外观设计提起撤销请求的受理单位是印度专利、外观设计和商标管理总局中的外观设计局，而印度知识产权申诉委员会和高等法院主要负责对撤销结果的申诉。而在中国，注册外观专利无效请求的受理单位是专利复审和无效审理部，而申诉则由中级以上的人民法院负责。

3. 撤销决定的公布

任何利害关系人可以就如前所述的撤销理由向印度外观设计局提起撤销请求。经审理应撤销的，撤销决定在相当于中国专利公报的官方期刊（Official Journal）上公开。该官方期刊每星期五刊出一次，通过印度专利、外观设计和商标管理总局的官网可以查询官方期刊的内容。如对撤销结果不服，则可以向印度知识产权申诉委员会或高等法院申诉。

---

① 《印度外观设计法》（2000）第19条第（1）款。

# 3.5 外观设计权的保护

## 3.5.1 外观设计的侵权行为

印度以 2000 年颁布的《印度外观设计法》为基础对外观设计权进行保护。根据《印度外观设计法》(2000) 第 2 条的规定，外观设计的定义为："通过任何工业方法或手段，不论是手工的、机械的或者是化学方式的单独使用或结合，所作出的平面或者立体或者二者结合的，适合于产品的形状、轮廓、图案、装饰、线条、彩色的组合的设计特征。产品的这些设计特征仅作用于视觉且由视觉判断。但不得包括产品的构造样式或原理，以及实质上仅为简单的机械装置的产品"。① 已注册的外观设计权人拥有该外观设计的专有权，即在印度已注册的外观设计权人享有将此外观设计应用于该外观设计注册的所属类别中的任何商品的专有权。

以下行为被认定为侵犯外观设计权人的权利：②

(1) 未经外观设计权人同意，以出售为目的，将该已注册的外观设计，或任何伪造、明显模仿该外观设计的设计应用于任何该外观设计注册的所属类别的产品；

(2) 未经外观设计权人同意，以出售为目的，进口具有已注册的外观设计或任何伪造、明显模仿该注册的外观设计的产品；

(3) 明知产品上使用了未经外观设计权人同意的注册的外观设计或是任何伪造、明显模仿该注册的外观设计的设计，以出售为目的，将上述产品设计出版、披露或促使其出版、披露。

## 3.5.2 外观设计的侵权救济

印度对上述侵害外观设计权的行为没有刑事处罚，仅对外观设计权

---

① 本法条译文来源于 WIPO Lex（带谷歌翻译工具版），https：//wipolex.wipo.int/zh/text/128103，2020 年 4 月 2 日访问。

② 《印度外观设计法》(2000) 第 22 条。

人提供如下的民事救济：

（1）禁止令；

（2）损害赔偿；

（3）销毁侵权商品；

（4）支付诉讼成本。

其中，在涉及权利保护时，有关机关的职责如下：

（1）印度外观设计局，主要负责外观设计注册后的撤销；

（2）印度知识产权申诉委员会，主要负责处理对撤销结果的申诉；

（3）印度警察局，可以在外观设计侵权案件调查过程中无搜查令搜查；

（4）印度法院，负责侵权案件审理，其中申诉案件由印度高等法院受理。

### 3.5.3　外观设计的保护期限①

一般印度注册外观设计的保护期限是自注册日起 10 年，在期限届满之前可以提出续展申请，缴纳相关费用后，可以自期限届满之日起续展 5 年，续展只能进行 1 次。

若申请人提出了续展请求，但未缴纳续展费而导致外观设计失效的，可在外观设计失效 1 年之内提出恢复该外观设计权利的申请，并缴纳相关费用。

---

① 《印度外观设计法》（2000）第 11 条第（1）款和第（2）款。

# 印度商标权

印度现行的与商标相关的法律规定主要有《印度商标法》（1999）、《印度商标实施细则》（2002）、《印度商标法案（修正案）》（2010）、《印度商标实施细则（修正案）》（2013）以及《印度商标规则》（2017）。而现行的《印度商标法》（1999）是在《印度与贸易及商品相关的商标法》（1958）基础上修改而成的，于1999年12月30日颁布，并于2003年9月15日开始实施。

为了简化和协调印度的商标管理体制，使商标注册程序更符合《与贸易有关的知识产权协议》（TRIPs）的要求，《印度商标法》（1999）在《印度与贸易及商品相关的商标法》（1958）基础上进行了以下方面的修改。

（1）将商标保护范围扩展到商品形状和包装以及颜色组合；

（2）接受国际商品分类一至四十二类的商品和服务；

（3）承认驰名商标；

（4）设置了印度知识产权申诉委员会，管辖对印度商标注册局裁定的上诉案件；

（5）将商标权的保护期限和续展期限修改为10年；

（6）扩大了商标侵权的范围，如使用他人注册商标作为商号或商号的一部分即构成商标侵权；

（7）伪造注册商标，将依法追究刑事责任；

（8）非商标权人的使用亦被认定为商标的使用；

（9）增加了加快审查程序，前提是申请人能说明原因并缴纳 5 倍正常申请费。

## 4.1 商标权的主体与客体

### 4.1.1 商标权的主体

商标权的主体是指通过提交商标注册申请获得注册商标的主体。在印度，商标权主体非常广泛，个人、公司和其他商业实体均可作为商标权的主体申请注册商标。

商标权的主体拥有对注册商标的所有权，依法对注册商标享有权利。即使他人在商标注册公布之前在先使用了该商标，也不妨碍商标权的主体对该商标享有法定的商标权。

### 4.1.2 商标权的客体

商标权的客体是指商标权所保护的具体对象。根据《印度商标法》（1999）第 2 条第（1）款第（2b）项的规定，"商标"是指能够用图形方式表现，将一个人的商品或服务与他人的商品或服务区分开来的标识，包括商品的形状、商品的包装及颜色组合；或者用以标示使用人在商事活动中有权在指定商品或服务上使用该标识；或者是指用在指定商品或服务上、用以标示在商事活动中使用人与某团体、协会或组织的关系的标识，包括证明商标或集体商标。

按照不同的分类方法，在印度，商标可分为商品商标、服务商标、集体商标、系列商标、联合商标、证明商标。并且，印度允许对包含以下三类要素的商标进行注册：[①]

（1）三维标识；

（2）声音；

---

① 参考中国国家知识产权局中国知识产权研究会："印度知识产权环境概览"，http：//freereport. cnipa. gov. cn/UploadFile/adv/20186261184811709. pdf，2019 年 9 月 19 日访问。

（3）气味。

《印度商标法》（1999）第 9 条规定了几类不得注册的商标、不得作为商标注册的标识等，具体内容如下。

（1）不得注册的商标。

a. 缺乏显著性特征，即无法将一个人的商品或服务与他人的商标或服务区分开来的商标；

b. 仅由可以在贸易中用来表示商品或服务的种类、质量、数量、用途、价值、地理来源、生产时间、提供服务的时间或其他特征构成的商标；

c. 仅由在现代语言中或在善意公认的商业贸易中已经成为惯用的标志构成的商标。

但上述商标在申请注册日之前已经由于使用而获得显著特征或者已经成为驰名商标的，可以作为商标予以注册。

（2）不得作为商标的标识。

a. 带有欺骗性，容易使公众产生误认的标识；

b. 带有民族歧视性，可能伤害印度任何阶层或族群宗教感情的标识；

c. 具有不良影响的标识，如包含丑闻或淫秽内容的标识；

d. 印度《商标与名称（预防不当使用）法》（1950）所禁止的标识。

（3）仅由下列构成的标识不得作为商标注册。

a. 仅由商品自身的性质产生的形状构成的标识；

b. 为获得技术效果而需有的商品形状构成的标识；

c. 使商品具有实质性价值的形状构成的标识。①

另外，印度商标法还对颜色商标、化学元素商标、人名和肖像商标等注册进行了规定和限制。具体内容如下。

（1）不接受单一颜色商标的注册，商标的全部或部分必须指定两种以上的色彩。

---

① 《印度商标法》（1999）第 9 条。

（2）禁止注册化学元素名或国际非专利名称。

a. 禁止将任何单一化学元素或任何单一化合物注册为商标；

b. 国际非专利名称，为专用名称，为全球所承认，属于公共财产，禁止将国际非专利名称注册为商标。[①]

（3）申请注册商标为在世者或者逝者（商标注册申请前 20 年内已故者）的名称、肖像的，需提交表明在世者与商标关系的证明或者逝者法定代表人书面同意书。[②]

## 4.2　商标注册申请

向印度商标注册局提交商标注册申请，需要申请人提供以下信息：a. 申请人名称、地址和邮箱；b. 商标样本（附商标说明）；c. 申请类别以及指定的商品或服务；d. 若在提交商标注册申请前已经使用，需提供在印度的首次使用时间；若尚未使用，需声明意图使用。

提交印度商标注册申请一般通过印度当地依法设立的商标代理机构办理，具体申请书件由印度当地商标代理机构提供。委托代理机构办理印度商标注册申请的，应当提供委托书。

申请印度商标的官方费用为 300 卢比/件，若商标说明超出 500 字，超出部分 10 卢比/字。

## 4.3　商标的审查与授权

### 4.3.1　商标的审查

1. 商标审查机构

印度的商标审查机构为印度专利、外观设计和商标管理总局（CGP-DTM）下设的印度商标注册局（TMR）。印度商标注册局下设四个分局。其中印度商标注册局位于孟买，四个分局分别位于艾哈迈达巴德、金

---

① 《印度商标法》（1999）第 13 条。
② 《印度商标法》（1999）第 4 条。

奈、德里和加尔各答。在职能上，印度商标注册局负责商标的申请、注册、续展和撤销等相关事务；各个商标分局负责管理分管地区范围内的商标事务。

2. 商标审查内容

在印度，商标审查包括形式审查和实质审查。形式审查主要审查申请人提交的申请文件是否齐全并符合要求、是否缴纳规定费用等。实质审查主要审查申请商标是否存在绝对驳回理由，包括申请商标是否具有显著性特征、是否容易引起混淆和误认、是否有不良影响等；实质审查还会审查申请商标是否存在相对驳回理由，包括申请商标是否与他人在先申请或注册的商标构成近似等。

另外，在提交商标注册申请后，申请人可以向印度商标注册局提交修改请求书，请求修改其填报的商品或服务名称，但该修改不能超出原有的指定范围。

3. 商标的加快审查

申请人在缴纳 5 倍正常申请费的前提下，可以向印度商标注册局书面申请加快审查。印度商标注册局会在收到申请人提交的加快审查申请书后的 3 个月内作出是否同意加快审查的决定，并向申请人签发审查报告书。

若印度商标注册局对加快审查的案件存在异议，其将通过书面方式通知申请人。当申请人的加快审查要求被驳回时，申请人可以要求退还其已缴纳的加快审查费用。①

## 4.3.2 商标的授权②

印度商标注册局受理商标注册申请后，若经审查，该申请不违反商标法的相关规定，且无人提出异议，该商标应当予以注册，且该商标的注册日期为其申请日期。注册成功后，审查员需要将加盖印度商标注册

---

① 参考中国国家知识产权局中国知识产权研究会："印度知识产权环境概览"，http：//freereport. cnipa. gov. cn/UploadFile/adv/20186261184811709. pdf，2019 年 9 月 19 日访问。

② 同上。

局公章的注册证书颁发给申请人。

办理商标注册手续时，如果由于申请人的过错，造成该申请自申请之日起 12 个月内不能完成，且经审查员通知申请人商标注册完成时间后，仍无法在该通知指定时间内注册完成的，则视为商标注册申请人自动放弃。商标注册后，审查员为了保证注册簿和注册证记录的准确性，有权纠正出现在注册簿和注册证上的错误，包括文字错误和其他明显错误。

若商标注册申请被驳回，申请人在收到驳回决定后，对该驳回决定不服的，可以自收到驳回决定之日起 3 个月内针对该驳回决定提出复审（驳回复审）或审判请求，驳回复审请求由印度商标注册局受理，审判请求由印度知识产权申诉委员会受理。对于如何应对注册申请被驳回，可以从以下几个方面着手。

（1）在收到驳回通知书后提交驳回复审申请，争辩申请商标没有违反相关法律规定；

（2）提交"商标共存同意书"，声明在先商标权人允许在后申请的商标与其在先商标共存，并不会对在后被驳回商标的注册申请提交异议；

（3）申请人可以提出放弃部分专用权，获得部分商标权。

根据《印度商标法》（1999）相关规定，印度商标注册局可以对商标申请进行部分批准或者部分驳回，并可依职权要求申请人放弃部分商标权。在审判阶段，法官也可依职权要求申请人放弃部分商标权。

# 4.4　商标异议

## 4.4.1　异议的时机

任何人认为印度商标注册局予以公告或者予以复审公告的商标不具有合法性，可在公告之日起 3 个月内或者延长期（最长不超过 1 个月）内向印度商标注册局提出商标异议申请，并支付异议规费。印度商标注册局在收到异议人的申请后，应当书面通知异议人和被异议人。

印度商标注册局在受理商标异议申请后，应当向被异议人签发异议答辩通知书，要求其在 2 个月内进行答辩，并将异议人提交的异议申请副本签发至被异议人。若被异议人未在法定期限内进行答辩，将视为其放弃被异议商标。若被异议人在法定期限内进行了答辩，印度商标注册局应当将异议答辩副本签发至异议人。若商标异议双方当事人认为有必要，可向印度商标注册局申请调解。

### 4.4.2 异议的理由

根据印度商标法的相关规定，任何人都可以依据以下理由对申请注册的商标提出异议。

（1）申请注册的商标缺乏显著性特征；

（2）申请注册的与他人在先申请或者注册的商标相冲突；

（3）违反印度商标法禁用条款①。

### 4.4.3 中印商标异议的不同点

中国和印度的商标法中都规定了商标异议制度，两者都规定了商标异议应当在规定的期间、以规定的方式提出，且都需缴纳一定的费用等。但两者也有很大的不同，具体包括以下几点。

（1）提出异议的时间不同。

在中国，提出商标异议的时间是在商标初审公告之日起的 3 个月内，并可自提交异议申请之日起 3 个月内提交补充材料；在印度，提出商标异议的时间是在商标公告或复审公告之日起的 3 个月内，或者在延长期（最长不超过 1 个月）内提出。

（2）被异议人答辩的时间不同。

在中国，被异议人须在收到异议答辩通知书之日起 30 天内进行答辩，并可在提交异议答辩之日起 3 个月内提交补充材料；在印度，被异议人须在收到异议答辩通知书起 2 个月内一次性完成答辩，无补充材料的机会。

---

① 禁用条款是指《印度商标法》（1999）第 9 条第（2）款，其规定带有欺骗性、民族歧视性、不良影响等标识，不得作为商标使用。

（3）异议审查机关不同。

在中国，对商标异议案件进行审查的机关是中国国家知识产权局商标局；在印度，商标异议案件先由各地区的印度商标注册局分局对商标异议申请书进行审查，确认申请书无误后，再将其移交至印度商标注册局进行实质审查。

（4）对异议的审查方式不同。

在中国，中国国家知识产权局商标局对商标异议的审查采取书面审查方式，一般不采用听证或口头审查方式；在印度，印度商标注册局对商标异议的审查采用听证会审查形式。

## 4.5　商标的无效宣告

在先权利人或者利害关系人可以提出注册商标无效宣告请求，对注册商标无效宣告的请求由印度商标注册局或者印度高等法院受理。印度商标注册局对于注册商标无效宣告的请求不收取规费，而印度高等法院收取手续费，但是印度高等法院的审理效率要远远高于印度商标注册局。具体收费标准如表 4 - 1 所示。

表 4 - 1　印度不同商标案件类型的收费标准

| 案件类型 | 费用（卢比） |
| --- | --- |
| 驳回复审 | 3000 |
| 注册商标的无效宣告 | 3000 |
| 提出异议 | 2500 |
| 异议补充 | 500/条 |

被宣告注册商标无效的当事人对于受理机关作出的宣告注册商标无效的决定或者判决不服的，可以进行上诉。

## 4.6　商标权的保护

商标获准注册后，商标注册人获得商标专用权。两人以上申请注册同一商标，共同享有和行使该商标专用权。对未注册商标的侵权，不能提出禁令，也不能提出侵权赔偿申诉。优先使用商标者具有商标优先申请权，即最先使用商标者，具有优先注册商标的权利。

### 4.6.1 不同的侵权类型

1. 使用注册商标构成的侵权

在未经商标权人同意的情形下，以下对注册商标的使用均构成侵权。

（1）将商标用作自己的商业名称或商业名称的一部分，企业名称或企业名称的一部分等［《印度商标法》（1999）第 29 条第（5）款］；

（2）把注册商标贴在自己的商品或者商品包装上［《印度商标法》（1999）第 29 条第（6）款第 a 项］；

（3）将注册商标用于商品销售、展示，在市场中销售注册商标，或者为了以上目的使用注册商标，或者将注册商标用于服务业［《印度商标法》（1999）第 29 条第（6）款第 b 项］；

（4）将注册商标用于进口或者出口商品［《印度商标法》（1999）第 29 条第（6）款第 c 项］；

（5）将注册商标用于营业文件或者广告中［《印度商标法》（1999）第 29 条第（6）款第 d 项］；

（6）将注册商标作为营业文件贴在商品上，或者用于包装商品，或者用于广告宣传，或者因以上目的而使用［《印度商标法》（1999）第 29 条第（7）款］；

（7）文字注册商标被口头使用或者用于视觉表现［《印度商标法》（1999）第 29 条第（9）款］。

2. 伪造商标与使用虚假商标构成的侵权①

（1）下列行为应视为伪造商标：

a. 在未经商标权人同意的情况下使用与其注册商标相同或近似的商标；

b. 以变化、增补或删除等方式对真实的注册商标进行伪造。

---

① 《印度商标法》（1999）第 102 条。

（2）下列行为应视为使用虚假商标：

a. 未经商标权人的同意，在同一种商品或服务上使用与其注册商标近似的商标，或者在类似商品或服务上使用与其注册商标相同或者近似的商标，容易导致混淆的；

b. 在未经商标权人同意的情况下，将与其注册商标相同或近似的商标用于包装商标权人所有的真实商品以外的其他商品上。

在上述情况中使用的伪造商标和虚假商标均属于假冒商标。对假冒商标提起的诉讼，经商标权人同意，举证责任由被控侵权人承担。

### 4.6.2  不构成侵权的情形

印度商标法对商标侵权的规定不应解释为禁止任何人使用注册商标，如果这种使用属于善意使用，且不损害商标本身的显著性特征及商标权人的商誉，那么该种使用即是被允许的。除此之外，印度商标法还规定了以下不构成商标侵权的情形。[①]

（1）将注册商标用于商品或者服务，以表示商品或者服务的种类、质量、数量、用途、价值、地理来源、生产商品日期或提供服务的时间以及商品和服务的其他特点的，不构成商标侵权。

（2）商标注册时附有条件或限制，在任何情况下以销售商品或者其他交易方式使用了与该商品相关的商标，或在印度之外的其他国家出口该商品或者提供该服务使用了注册商标的，不构成商标侵权。

（3）下列情形下对商标的使用不构成侵权：

a. 在贸易过程中与商标权人、在册商标使用者共同使用相关商品或商标，确已得到商标权人和在册商标使用者的许可，但还未立即去除或者覆盖商标，或在任何时候以明示或暗示方式得到许可的；

b. 与服务商标使用有关时，根据事实、使用的目的和效力表示，该服务实际为商标权人或者在册商标使用者履行。

（4）使用证明商标的商品和服务被作为其他商品和服务的组成部分和附件，且在其他商品和服务对该证明商标的使用不构成侵权，或在当

---

① 《印度商标法》（1999）第30条。

前可以被如此使用的情况下，若对该证明商标的使用对于标明商品和服务的改变为合理必需，且没有表示此商品和服务为所有人所认证的目的与效果的。

（5）在不构成侵权的情形下，在册商标使用者可为一人、两人或者多人，他们有权行使商标使用权。

（6）侵权豁免。根据《印度商标法》（1999）第112条的规定，以下情况不构成商标侵权：

a. 商标使用者为被雇佣者，其使用或者制作商标是为了雇佣者的利益，使用目的并不是为了谋取利润的；

b. 为了避免侵权已采取所有合理措施，侵权行为发生时没有理由怀疑商品或服务真实性的；

c. 商标使用者能够证明所获商品或服务是合法取得并能说明提供者的。

另外，除上述情形不构成商标侵权外，注册商标可能会因未被使用导致被撤销，从而也不存在商标侵权的问题。根据印度商标法的规定，自商标注册满5年后，若商标权人无正当理由未使用该注册商标，相关部门就会提出撤销该注册商标的申请，但若因正当理由未使用该注册商标，例如，因战争或者禁止进口等特殊原因未使用，可以免除注册商标因未被使用导致的商标专用权的撤销。

### 4.6.3 侵权救济

关于商标的侵权救济，《印度商标法》（1999）专门规定了"罚则"一章，为商标权人在权利遭受侵害时的救济提供了法律依据。具体包括对使用虚假商标、贸易标识等的处罚，对重犯或者再犯的加重处罚等。

（1）对使用虚假商标、贸易标识等的处罚。

有以下行为的任何人：

a. 伪造商标的；

b. 不当使用了商品商标或者服务商标的；

c. 制作、处置或保存了用于伪造商标的模具、机械、金属板材或者其他器具的；

d. 对伪造的商品商标或者服务商标进行买卖的;

e. 须标明的商品的制造、生产的国家或地区,或者制造者、定制方的名称、地址等信息为虚假信息的;

f. 伪造、变更、删除商品上须标明的商品原产地说明的。

应判处 6 个月以上 3 年以下的监禁,并处以 5 万卢比以上 20 万卢比以下的罚金,除非当事人证明其无欺诈故意;法院在裁判中有特别充足的理由时,可对其判处 6 个月以下的监禁或 5 万卢比以下的罚金。

(2) 对重犯或者再犯的加重处罚。

对已有商标侵权记录,再次被判定为侵权的重犯或者再犯者,应判处 1 年以上 3 年以下的监禁,并处以 10 万卢比以上 20 万卢比以下的罚金。

除上述救济途径外,印度专利法还对驰名商标的保护进行了专门的规定。驰名商标须是印度国内相关阶层民众所周知的商标,但不一定是全体国民都知晓的商标。审查员在审查商标是否予以注册时,不应考虑该商标是否与在先驰名商标构成冲突。但在该商标注册后,他人可以提出诉讼。根据印度商标法的相关规定,为了保护驰名商标,使用了对驰名商标信誉造成损害的商标标识应判定为侵权行为,禁止他人未经授权使用驰名商标。

### 4.6.4 保护期限

注册商标的有效期为从注册之日起 10 年,每 10 年续展 1 次。注册商标有效期满后需要继续使用的,商标权人应当在期满前 6 个月按照规定办理商标续展手续并缴纳手续费。在此期间未能办理的,可以给予 6 个月的宽展期,但在宽展期办理续展手续的,需要额外支付滞纳金。在规定期限内,商标权人未能及时续展商标的,审查员有权从商标注册簿上撤销其商标。商标权人在宽展期按照规定办理续展手续的,审查员有权恢复已被撤销的商标。

# 印度知识产权案例及经验分享

## 5.1 专利、外观设计及商标申请典型案例

### 5.1.1 专利申请典型案例

#### 5.1.1.1 计算机程序领域专利申请典型案例

1. 案例一：Application No. 201617025362[①]

（1）原始提交的独立权利要求（节选）。

1. 一种在蜂窝网络中分配无线电资源的方法，该方法包括以下步骤：

在移动用户设备从源小区切换到目标小区之前：

由与所述目标小区相关联的网络节点执行如下操作：

接收移动用户资源需求以及所述移动用户设备的预测切换时间；

估计总资源需求，所述总资源需求包括所述移动用户资源需求和初始资源需求之和，所述初始资源需求包括所述目标小区中的其他用户设备的资源需求之和；

确定所述目标小区的容量是否足够提供所述总资源需求，并且如果

---

① 案例来源：印度专利局专利查询网站，https：//ipindiaservices. gov. in/PublicSearch/PublicationSearch，2020 年 3 月 31 日访问。

确定所述目标小区的容量不足够提供所述总资源需求，则通过以下方式确定所述目标小区中的每个用户设备的减缩因子：

使用所述容量与所述总资源需求之间的差确定需要的资源下降；

通过为所述目标小区中的每个用户设备分配所述需要的资源下降的一部分的方式，确定所述每个用户设备的下降因子；

确定将在所述切换时间之前发生的重调度事件的数量；

通过根据所述重调度事件的数量划分所述下降因子的方式，计算每个已存在的用户设备的所述缩减因子；以及

在每次重调度事件时，根据每个用户设备各自的所述缩减因子来缩减可用于每个用户设备的资源；以及

在切换时，为所述移动用户设备提供分配的无线电资源，所分配的无线电资源等于所述移动用户资源需求的至少一部分。

10. 一种用于在蜂窝网络中的网络节点中使用的装置，所述装置包括：处理器电路；存储单元，所述存储单元存储能够由所述处理器电路执行的指令；发射机和接收机，借此，所述装置可操作用于：

在移动用户设备切换到与所述网络节点相关联的小区之前，接收移动用户资源需求以及所述移动用户设备的预测切换时间；

估计总资源需求，所述总资源需求包括所述移动用户资源需求和初始资源需求之和，所述初始资源需求包括目标小区中的其他用户设备的资源需求之和；

确定所述目标小区的容量是否足够提供所述总资源需求，并且如果确定所述目标小区的容量不足够提供所述总资源需求，则通过以下方式确定所述目标小区中的每个用户设备的缩减因子：

使用所述容量与所述总资源需求之间的差确定需要的资源下降；

通过为所述目标小区中的每个用户设备分配所述需要的资源下降的一部分的方式，确定所述每个用户设备的下降因子；

确定将在所述切换时间之前发生的重调度事件的数量；

通过根据所述重调度事件的数量划分所述下降因子的方式，计算每个已存在的用户设备的所述缩减因子；以及

在每次重调度事件时，根据每个用户设备各自的所述缩减因子来缩

减可用于每个用户设备的资源；以及

在切换时，为所述移动用户设备提供分配的无线电资源，所分配的无线电资源等于所述移动用户资源需求的至少一部分。

17. 一种网络节点，包括如权利要求10—16中任一项所述的装置。

18. 一种计算机程序，包括指令，当在至少一个处理器上运行该指令时，该指令导致所述至少一个处理器执行包括根据权利要求1—9中任一项所述的方法。

19. 一种计算机程序产品，包括权利要求18所述的计算机程序。

20. 一种包含权利要求19所述的计算机程序产品的载体，其中，所述载体可选地包括电信号、光信号、无线电信号、磁带或磁盘、光盘或记忆棒。

（2）审查意见及听证通知书中指出的缺陷。

缺陷1：根据《印度专利法》（2005）第3条第（k）项，权利要求18—20不能被允许。

缺陷2：权利要求1—20不清楚，具体地：

a. 权利要求书中应当包括参考标记以提高权利要求书的可理解性；

b. 方法权利要求应当清楚地指出是由何种物理结构装置来执行步骤。

缺陷3：装置权利要求10—16是仅实施权利要求1—9中定义的方法步骤的纯功能，从而并没有任何新颖的硬件特征，因此根据《印度专利法》（2005）第2条第（1）款第（j）项不能被允许。

缺陷4：权利要求17不被允许。

（3）最终修改的权利要求。

1. 一种在蜂窝网络中分配无线电资源的方法，该方法包括以下步骤：

在移动用户设备从源小区切换到目标小区之前：

由与所述目标小区相关联的网络节点执行如下操作：

由接收单元（78）接收移动用户资源需求以及所述移动用户设备的预测切换时间；

由资源估计单元（79）估计总资源需求，所述总资源需求包括所述移动用户资源需求和初始资源需求之和，所述初始资源需求包括所述目标小区中的其他用户设备的资源需求之和；

由缩减因子确定单元（80）确定所述目标小区的容量是否足够提供所述总资源需求，并且如果确定所述目标小区的容量不足够提供所述总资源需求，则通过以下方式确定所述目标小区中的每个用户设备的缩减因子：

使用所述容量与所述总资源需求之间的差确定需要的资源下降；

通过为所述目标小区中的每个用户设备分配所述需要的资源下降的一部分的方式，确定所述每个用户设备的下降因子；

确定将在所述切换时间之前发生的重调度事件的数量；

通过根据所述重调度事件的数量划分所述下降因子的方式，计算每个已存在的用户设备的所述缩减因子；以及

在每次重调度事件时，由重调度单元（81）根据每个用户设备各自的所述缩减因子来缩减可用于每个用户设备的资源；以及

在切换时，由分配单元（82）为所述移动用户设备提供分配的无线电资源，所分配的无线电资源等于所述移动用户资源需求的至少一部分。

10. 一种用于在蜂窝网络中的网络节点中使用的装置（42），所述装置被适配成执行权利要求1—9中任一项所述的方法。

权利要求11—20（删除）。

（4）案例小结。

a. 在印度专利局对 CRI 申请进行审查时，审查员经常会要求申请人在方法权利要求中加入各个步骤的执行主体，以使权利要求更加清楚。因此，申请人可以考虑在专利申请进入印度时在方法权利要求中加入各个步骤的执行主体。或者，申请人也可以在答复审查意见时，视具体的审查意见再另行补入。

b. 权利要求书中应当添加参考标记，用来标记物理结构特征，以增强该权利要求的可理解性。

c. 如果权利要求的主题涉及计算机程序，则该权利要求属于《印度专利法》（2005）第3条第（k）项规定的不予授予专利权的范围。

2. 案例二：Application No. 201644020920①

（1）原始提交的独立权利要求（节选）。

1. 一种用于在多个物联网设备之间建立通信的方法，该方法包括：

在服务器接收来自第一设备的用于与第二设备通信的请求；

基于接收到的所述请求，识别所述第一设备，并在模块列表中识别所述第一设备对应的模块；

将所述请求中继至识别出的所述第一设备对应的模块；

基于接收到的所述请求，识别所述第二设备，并在所述模块列表中识别所述第二设备对应的模块，其中，所述第一设备对应的模块将所述请求传输至所述第二设备对应的模块；以及

凭借将所述请求通过所述第二设备对应的模块传输至所述第二设备的方式，建立所述第一设备与所述第二设备之间的通信，其中，所述模块列表中的每个模块对应于所述多个设备中的唯一设备。

13. 一种用于在多个物联网设备之间建立通信的系统，该系统包括：

服务器，该服务器包括 LifeOn 平台模块，该 LifeOn 平台模块被配置为：

接收来自第一设备的用于与第二设备通信的请求；

基于接收到的所述请求，识别所述第一设备，并在模块列表中识别所述第一设备对应的模块；

将所述请求中继至识别出的所述第一设备对应的模块；

基于接收到的所述请求，识别所述第二设备，并在所述模块列表中识别所述第二设备对应的模块，其中，所述第一设备对应的模块将所述请求传输至所述第二设备对应的模块；以及

凭借将所述请求通过所述第二设备对应的模块传输至所述第二设备的方式，建立所述第一设备与所述第二设备之间的通信，其中，所述模块列表中的每个模块对应于所述多个设备中的唯一设备。

---

① 案例来源：印度专利局专利查询网站，https：//ipindiaservices. gov. in/PublicSearch/
PublicationSearch，2020 年 3 月 31 日访问。

（2）审查意见及听证通知书中指出的缺陷。

缺陷 1：方法权利要求仅描绘了通过软件实施的算法，因此根据《印度专利法》（2005）第 3 条第（k）项不能被允许。

缺陷 2：系统权利要求是仅实施方法权利要求中定义的方法步骤的纯功能，从而并没有任何新颖的硬件特征，因此根据《印度专利法》（2005）第 2 条第（1）款第（j）项和第 3 条第（k）项不能被允许。

缺陷 3：权利要求书中应当包括参考标记以提高权利要求书的可理解性。

（3）最终修改的权利要求。

1. 一种用于在多个物联网设备之间建立通信的方法，该方法包括：

在服务器（106）接收来自第一设备（102）的用于与第二设备（104）通信的请求；

基于接收到的所述请求，识别所述第一设备（102），并在所述服务器（106）中的模块列表中识别对应于所述第一设备（102）的第一模块；

将所述请求中继至识别出的对应于所述第一设备（102）的所述第一模块，其中，所述第一模块将所述请求转换成一个或多个指令；

基于接收到的所述请求，识别所述第二设备（104），并在所述服务器中的所述模块列表中识别对应于所述第二设备（104）的第二模块，其中，对应于所述第一设备（102）的所述第一模块将所述一个或多个指令传输至对应于所述第二设备（104）的所述第二模块，其中，所述第二模块将所述一个或多个指令转换成能够由所述第二设备（104）处理的一个或多个请求；以及

凭借所述服务器（106）将能够由所述第二设备（104）处理的所述一个或多个请求通过所述第二模块传输至所述第二设备（104）的方式，建立所述第一设备（102）与所述第二设备（104）之间的通信，其中，所述模块列表中的所述第一模块对应于所述第一设备（102），以及所述模块列表中的所述第二模块对应于所述第二设备（104）。

10. 一种用于在多个物联网设备之间建立通信的系统，该系统包括：

服务器（106），该服务器（106）包括平台，该平台被配置为：

接收来自第一设备（102）的用于与第二设备（104）通信的请求；

基于接收到的所述请求，识别所述第一设备（102），并在所述服务器（106）中的模块列表中识别对应于所述第一设备（102）的第一模块；

将所述请求中继至识别出的对应于所述第一设备（102）的所述第一模块，其中，所述第一模块将所述请求转换成一个或多个指令；

基于接收到的所述请求，识别所述第二设备（104），并在所述模块列表中识别对应于所述第二设备（104）的第二模块，其中，对应于所述第一设备（102）的所述第一模块将所述一个或多个指令传输至对应于所述第二设备（104）的所述第二模块，其中，所述第二模块将所述一个或多个指令转换成能够由所述第二设备（104）处理的一个或多个请求；以及

凭借所述服务器（106）将能够由所述第二设备（104）处理的所述一个或多个请求通过所述第二模块传输至所述第二设备（104）的方式，建立所述第一设备（102）与所述第二设备（104）之间的通信，其中，所述模块列表中的所述第一模块对应于所述第一设备（102），以及所述模块列表中的所述第二模块对应于所述第二设备（104）。

（4）关于缺陷 1 和缺陷 2 的意见陈述。

权利要求书和说明书提供了充足的硬件细节，以体现本发明的新颖特征。本发明涉及使得具有不同通信协议的不同 IOT 设备之间能够通信。这是依靠使用系统实现的，其中该系统包括嵌入在该系统中的不同类型的通信协议，例如，Wi-Fi、蓝牙、NFC 等。需要注意的是，在不包括不同通信协议的情况下，是不可能实现本发明的特征的。该系统识别一个 IOT 设备的通信协议以及另一个 IOT 设备的通信协议，之后，通过系统中提供的通信协议来实现两个 IOT 设备之间的通信。根据该论述，明显的是，在系统中包括硬件，例如不同通信协议，如 NFC、Wi-Fi、蓝牙是实现功能所必需的。因此，方法权利要求的实质并不是仅通过软件实施的算法，并不属于《印度专利法》（2005）第 3 条第（k）项规定的不授予专利权的范围。另外，根据印度专利法及当前《印度 CRI 指南》，对新颖硬件的要求并不是可专利性的先决条件。

（5）案例小结。

在答复有关《印度专利法》（2005）第 3 条第（k）项的审查意见时，可以考虑在方法权利要求书添加硬件特征，例如，各步骤的执行主体，并

在意见陈述书中陈述权利要求书和说明书提供了充足的硬件细节，通过这些硬件特征来证明本发明实质上并不是仅通过软件实施的算法。

### 5.1.1.2 医药领域专利申请典型案例[①]

国际申请号：PCT/CN2012/085748

国际申请日：2012 年 12 月 3 日

法律状态：授权

（1）PCT 公开文本的权利要求。

1. A gypsum composition, comprising gypsum and an anti – deformation additive,

wherein the anti – deformation additive comprises at least one selected from a group consisting of dehydroascorbic acid, dehydroascorbate and semidehydroascorbic acid.

2. The composition according to claim 1, wherein the anti – deformation additive is dehydroascorbic acid.

3. The composition according to claim 1 or 2, wherein a mass percentage of the anti – deformation additive to the gypsum ranges from 0.01% to 5%.

4. A method for forming a composition, comprising:

mixing gypsum powder and an anti – deformation additive with water; and stirring the mixture,

wherein the anti – deformation additive comprises at least one selected from a group consisting of dehydroascorbic acid, dehydroascorbate and semidehydroascorbic acid.

5. The method according to claim 4, wherein a mass percentage of the anti – deformation additive to the gypsum powder ranges from 0.01% to 5.0%.

6. A gypsum board, comprising:

gypsum, starch, dispersant, accelerator, an anti – deformation additive, and optionally foaming agent,

---

① 案例来源：印度专利、外观设计和商标管理总局官网，http：//www. ipindia. nic. in/manual – patents. htm，2018 年 9 月 12 日访问。

wherein the anti – deformation additive comprises at least one selected from a group consisting of dehydroascorbic acid, dehydroascorbate and semi-dehydroascorbic acid.

7. The gypsum board according to claim 6, wherein the anti – deformation additive isdehydroascorbic acid.

8. The gypsum board according to claim 6 or 7, wherein a mass percentage of the anti – deformation additive to the gypsum ranges from 0. 01% to 5.0%.

9. A method for forming a gypsum board, comprising:

mixing gypsum, water, starch, an accelerator, a dispersant, an anti – deformationadditive, and optionally a foaming agent,

wherein the anti – deformation additive comprises at least one selected from a group consisting of dehydroascorbic acid, dehydroascorbate and semi-dehydroascorbic acid;

stirring the mixture to form a slurry;

disposing the slurry between two liners to form a sandwich structures;

forming a first board based on the sandwich structure;

cutting the first board into a plurality of second boards with desired lengths after a hardening process;

drying the plurality of second boards to evaporate excess water.

10. The method according to claim 9, wherein a mass percentage of the anti – sagging additive to the gypsum ranges from 0. 01% to 5. 0%.

11. A method for using DHA, wherein the DHA is used as an anti – sagging additive in a gypsum product.

（2）审查意见。

a. 相对于D1—D5，权利要求1—11缺乏创造性。

b. 非专利性（不属于专利法保护的主题）。

由于该权利要求中的组合物似乎只是通过混合使其各成分性能叠加，因此该权利要求1—3、6—8属于《印度专利法》（2005）第3条第（e）项规定的范围。该说明书没有公开包含所述组合物的组分的任何协同效应。成分的比例也应在主要权利要求中提及。

权利要求 1—11 仅是新的使用公知的物质或仅仅使用公知的方法，该方法既不导致一个新的产品，也不采用任何新的反应物（请参考现有技术文献中所引用的报告）。因此，所述权利要求属于《印度专利法》（2005）的第 3 条第（d）项规定的范围。

c. 权利要求 1—11 缺乏单一性。

（3）针对"非专利性"审查意见申请人的意见陈述。

本申请提供了一种新颖且创造性的石膏组合物，其具有显著的抗变形能力，特别是抗下垂能力。

此外，在本说明书中，已经进行了试验以证明脱氢抗坏血酸可以改善石膏板的抗变形性能，这是脱氢抗坏血酸和石膏板的其他成分的协同效应。这通过说明书中公开的实施例来举例说明，其中说明了本发明要求保护的组合物显示出非常好的抗下垂性。在本申请的表 1 中，显示了与现有石膏产品相比所要求保护的组合物具有显著改善的抗下垂性。因此，本申请涉及协同组合物，并不属于《印度专利法》第 3 条第（e）项规定的范围。请审查员考虑我们的观点并放弃反对意见。

此外，审查员认为权利要求 1—11 仅仅是已知物质的新用途或仅使用已知方法，其既不产生新产品也不使用任何新反应物（请参考现有技术文献中所引用的报告）。因此，所述权利要求属于《印度专利法》的第 3 条第（d）项。

我们恭敬地不同意审查员，并且如上所述，本申请提供了一种新颖且创造性的石膏组合物，其具有显著的抗变形能力，特别是抗下垂能力。此外，现有技术文献均未公开或教导包含脱氢抗坏血酸、脱氢抗坏血酸盐或半酰氢抗坏血酸或其任何组合的抗变形，以及改善石膏板的抗变形性能。

因此，权利要求的主题不属于《印度专利法》（2005）第 3 条第（d）项规定的范围。请求审查员考虑我们的观点并放弃反对意见。

（4）针对"缺乏单一性"审查意见申请人的意见陈述。

审查员表示，本发明包括以下 5 项不同的发明，这些发明与《印度专利法》的单一的一般发明概念并无关联。

1. 石膏组合物（权利要求 1—3）。

2. 一种形成组合物的方法（权利要求4—5）。

3. 石膏板（权利要求6—8）。

4. 一种形成石膏板的方法（权利要求9—10）。

5. 使用权利要求（权利要求11）。

我们恭敬地提出，1—5项发明涉及单一的发明概念。所有发明的单个发明特征是抗变形添加剂包括脱氢抗坏血酸，脱氢抗坏血酸盐或半酰氢抗坏血酸，或其任何组合。

除此之外，我们修改了权利要求，仅仅是为了加快对申请审查流程。根据上述提交和权利要求修订，要求审查员放弃反对意见。

（5）修改后的权利要求。

1. A gypsum composition, comprising gypsum and an anti-deformation additive,

wherein the anti-deformation additive comprises ~~at least one selected from a group consisting of~~ dehydroascorbic acid, dehydroascorbate ~~and~~ or semidehydroascorbic acid, or any combination thereof, and wherein a mass percentage of the anti-deformation additive to the gypsum ranges from 0.01% to 5%.

2. The composition ~~according to~~ as claimed in claim 1, wherein the anti-deformation additive is dehydroascorbic acid.

3. ~~The composition according to claim 1 or 2, wherein a mass percentage of the anti-deformation additive to the gypsum ranges from 0.01% to 5%.~~

~~4~~3.A method for forming a composition, comprising:

mixing gypsum powder and an anti-deformation additive with water; and stirring the mixture,

wherein the anti-deformation additive comprises ~~at least one selected from a group consisting of~~ dehydroascorbic acid, dehydroascorbate or~~and~~ semidehydroascorbic acid, or any combination thereof,

wherein a mass percentage of the anti-deformation additive to the gypsum ranges from 0.01% to 5.0%.

5. ~~The method according to claim 4, wherein a mass percentage of the anti-deformation additive to the gypsum powder ranges from 0.01% to 5.0%.~~

6~4. A gypsum board, comprising:

gypsum, starch, dispersant, accelerator, an anti-deformation additive, ~~and optionally foaming agent~~,

wherein the anti-deformation additive comprises ~~at least one selected from a group consisting of~~ dehydroascorbic acid, dehydroascorbate or~~and~~ semidehydroascorbic acid, or any combination thereof, and

wherein a mass percentage of the anti-deformation additive to the gypsum ranges from 0.01% to 5.0%.

7~5. The gypsum board as claimed in~~according to~~ claim 6, wherein the anti-deformation additive isdehydroascorbic acid.

~~8. The gypsum board according to claim 6 or 7, wherein a mass percentage of the~~6. The gypsum board as claimed in claim 4, wherein the gypsum board further comprises a foaming agent.

9~7. A method for forming a gypsum board, comprising:

mixing gypsum, water, starch, an accelerator, a dispersant, and an anti-deformationadditive, and optionally a foaming agent,

wherein the anti-deformation additive comprises ~~at least one selected from a group consisting of~~ dehydroascorbic acid, dehydroascorbate ~~and~~ or semidehydroascorbic acid, or any combination thereof, and wherein a mass percentage of the anti-deformation additive to the gypsum ranges from 0.01% to 5.0%;

stirring the mixture to form a slurry;

disposing the slurry between two liners to form a sandwich structures;

forming a first board based on the sandwich structure;

cutting the first board into a plurality of second boards with desired lengths after a hardening process;

drying the plurality of second boards to evaporate excess water.

~~10. The method according to claim 9, wherein a mass percentage of the anti-sagging additive to the gypsum ranges from 0.01% to 5.0%.~~

8. The method as claimed in claim 7, wherein comprises mixing gypsum, water, starch, an accelerator, a dispersant, an anti-deformation additive, and a foaming agent.

~~11~~9. A method ~~for~~ of using dehydroascorbic acid, dehydroascorbate or semidehydroascorbic acid, or any combination thereof~~DHA, wherein the DHA is used~~ as an anti-deformation~~sagging~~ additive in a gypsum product.

（6）案件小结。

针对印度专利法中规定的不具有组分协同效应的组合物，以及仅仅是已知物质的新用途或仅使用已知方法，既不产生新产品也不使用任何新反应物这两种情况不属于可授予专利权的主题，申请人在答复审查意见时重点争辩了组合物在抗变形性能方面的改进，并明确脱氢抗坏血酸可以改善石膏板的抗变形性能是在其他组分的协同下得到的性能；针对单一性问题，申请人在意见陈述中明确了各个独立权利要求的特定技术特征为组合物中含有脱氢抗坏血酸。由此申请人取得了发明专利授权。

### 5.1.2 外观设计申请典型案例①

（1）案例一：*Honda Giken Kogyo Kabushiki Kaisha*（以下简称本田汽车）诉 *Allied Pacific Motor*（*M*）*Sdn Bhd & Anor*（以下简称太平洋汽车）案。

本田汽车，总部设在日本，是世界上最大的两轮车生产公司之一，2005 年因太平洋汽车侵犯其摩托车 HONDA WAVE 125 型号的设计，而申请临时禁令。本田汽车声称，太平洋汽车侵犯了本田汽车注册的摩托车 HONDA WAVE 125 型号的外观设计权，其中包括后组合灯、腿部护罩和配备小型摩托车灯的手柄盖。在本案中，印度高等法院需要审议的问题包括：该外观设计是否有效？以及该外观设计是否是新颖的？

---

① 参考"Design In Fringement in the Automobile Industry"，https：//www. bananaip. com/ip - news - center/design - infringement - in - the - automobile - industry/，2019 年 12 月 9 日访问。

印度高等法院认为，一旦外观设计为公布在公报上的注册外观设计，则推定其为有效外观设计，除非另有证明。另外，虽然本田汽车在该外观设计注册之前已经在泰国推出了相同型号，但是不构成对印度的外观设计权的新颖性影响。虽然印度高等法院认定太平洋汽车较多地模仿了本田汽车注册的摩托车 HONDA WAVE 125 型号的外观设计，但是却驳回了本田汽车的请求，这是因为本田汽车还没有在印度推出这个型号的摩托车，如果要授予临时禁令，将对太平洋汽车造成严重的财务损失以及社会影响。

（2）案例二：*Brighto Auto Industries*（以下简称布莱顿汽车）和 *Raj Chawla*（以下简称拉吉拉）案。

本案中，布莱顿汽车从事各种与汽车相关物品的制造，其中包括后视镜。其针对拉吉拉的注册号 139585 的汽车后视镜外观设计权提交了撤销请求。具体地，布莱顿汽车声称该注册外观设计既无新颖性也无原创性。此案中，法院面临的问题具体包括：注册外观设计是否具有新颖性？如何平衡原创性和新颖性的关系？

其中，布莱顿汽车提交的证据表明具有该注册外观设计的后视镜已经在市场上销售了很长时间。然而，拉吉拉声称是其设计了该注册外观设计并且很新颖。然而，拉吉拉并未以任何证据支持其论点。

印度德里高等法院调查了"新颖性"和"原创性"之间的区别，同时在作出判决时参考了 *Dover Ld* 案的判决。根据 *Dover Ld* 案件的判决，一方面"新颖性"是指外观设计的形状或图案本身是全新的。另一方面，需要判断"原创性"的情况，"原创性"的含义在于某设计来源于某人，即某人通过智力活动，设计了以前没有的设计。

本案的审理过程中，拉吉拉认可了市场上可用的后视镜的形状为矩形，边缘圆，宽边弯曲或倾斜，下长边也倾斜。拉吉拉认为自己原创的注册外观设计中倾斜的是上部的长边，而目前市场上销售的后视镜在上侧并不具有这种类型的曲线，因此是新颖的。然而，法院认为，虽然该设计可能属于拉吉拉的原创，但是其上边倾斜的创新不足，与现有市场上的设计不具有明显区别，并不是新颖的设计。因此，法院最终撤销了拉吉拉的该外观设计权。

（3）案例三：*Escorts Construction Equipment Ltd*（以下简称伊思考特）与 *Action Construction Equipment Pvt Ltd*（以下简称艾克神）案。

本案涉及伊思考特制造的液压自动起重机的使用者艾克神非法复制了此项设计。本案的特点在于，虽然该案件并不直接属于《印度外观设计法》的范畴，即伊思考特并未针对此项设计注册外观设计权，但法院还是审查了该设计是否能够根据印度外观设计法进行登记注册。在根据该法案审查此项设计后，法院认为其无法被登记注册。这是因为，法院认为外观设计权是要保护外形而不是功能或功能构造。

因此，法院拒绝了伊思考特要保护起重机的某些特定部分的请求，并判断这部分起重机的设计目的并不是通过外观来吸引消费者，而是为了实现起重机的某种功能。法院指出，外观设计权并不包括产品的构造方法或原则，这部分构造的设计仅由在该形状或构造中实现的功能决定。

上述三个案例，具有如下启示：

（1）外国的使用公开不会构成对印度外观设计新颖性的影响；

（2）外观设计本身不够新颖，即使是原创的也会被撤销；

（3）由功能决定的外观设计不予注册。

### 5.1.3　商标申请典型案例①

申　请　号：3446734

类　　　别：第 30 类

商　　　标："YUFIT"

法律状态：授权

（1）驳回理由。

印度商标注册局认为第 3446734 号第 30 类 "YUFIT" 指定使用在第 30 类饼干等商品上，"YUFIT" 仅起到描述性作用，缺乏作为商标的显著性，依法予以驳回。

---

① 参考 "'YUFIT' 印度商标驳回复审案件"，http：//www. zjbls. com/newview. php? id = 1083，2020 年 4 月 1 日访问。

（2）复审理由。

针对该驳回，申请人在驳回复审中向审查员争辩，申请商标"YUFIT"为臆造词汇，用在指定商品上并非为描述性词汇。此外，该商标在其他国家相同商品上已经获准注册，这可以从侧面证明"YUFIT"指定使用在第30类饼干等商品上具有作为商标的显著性，应予获准注册。最终，印度商标注册局接受了申请人的观点，"YUFIT"印度商标驳回复审案件得以成功。

（3）案例总结。

印度商标注册局对于商标是否具有显著性与中国国家知识产权局商标局有着类似的规定，但两国相比，印度对显著性的审查更为严格。从该案例中可以看出，对于用在指定商品上仅起描述性作用的词汇，在印度不得作为商标注册。针对申请商标"YUFIT"，申请人在第30类饼干商品上向中国和印度都进行了注册，印度商标注册局仅因申请商标中含有"FIT"就判定该商标缺乏显著性，而该申请在中国则直接获准注册。

# 5.2　印度知识产权诉讼典型案例

## 5.2.1　爱立信诉小米专利侵权案

（1）案例介绍。

2014年7月爱立信要求小米为其8项涉及通信技术的印度专利（见表5-1）支付专利许可费用，但是小米未对该要求予以回应。

2014年12月爱立信向印度德里高等法院提起诉讼，指控小米侵犯了其持有的8项通信技术专利，要求法院对小米提出永久禁令。爱立信在官方声明中表示，在过去3年多的时间里，爱立信一直尝试与小米就其符合GSM、EDGE和UMTS/WCDMA标准的产品的专利许可授权事宜开展诚恳的对话。然而，小米始终拒绝在公平、合理和非歧视原则（FRAND）的基础之上，就获得爱立信的知识产权使用许可一事，以任何方式回应。爱立信万不得已，只能对此采取法律行动。①

**表 5－1　爱立信诉小米侵权涉案专利列表**

| 涉案专利号 | 涉案专利名称 |
|---|---|
| IN 203034 | Linear predictive analysis by synthesis encoding method and encoder |
| IN 203036 | Apparatus of producing from an original speech signal a plurality of parameters |
| IN 234157 | A method of encoding/decoding multi-codebook fixed bitrate CELP signal block |
| IN 203686 | Method and system for alternating transmission of codec mode information |
| IN 213723 | Method and apparatus for generating comfort noise in a speech decoder |
| IN 229632 | Multi service handling by a Single Mobile Station |
| IN 240471 | A mobile radio for use in a mobile radio communication system |
| IN 241747 | A transcieving unit for block automatic retransmission request |

　　爱立信在专利维权方面具有丰富的经验，其在第一时间向印度德里高等法院提出"临时禁令"。2014 年 12 月 8 日，应爱立信请求，印度德里高等法院一名法官以小米侵犯爱立信标准必要专利（Standards Essential Patents，SEPs）为由向小米发出诉前禁售令，该禁售令内容包括：禁止小米在印度市场销售、推广、制造及进口涉嫌侵犯爱立信专利的相关产品，并要求小米和其印度当地的电子商务合作伙伴 Flipkart，暂时停止销售爱立信起诉的涉案专利产品。法院还要求小米和 Flipkart 提交其在印度境内涉案产品的销售数量以及销售总额的证明材料，派遣司法人员前往小米位于印度的办事机构监督相关禁令的执行。法院同时向印度消费税征收部门和海关中央委员会发出通知，禁止小米涉案的侵权产品进入印度境内。②

　　该禁售令发出后，小米旗下全线手机产品都不得"进入"印度市场，这对于积极谋求"国际化"的小米无疑成为"当头棒喝"。2014 年 12 月 12 日，小米宣布"被迫停止销售设备，直至接到来自印度德里高等法院的进一步通知"。

---

　　① 参考"爱立信声明：小米拒付专利费是不公平的"，https：//tech. sina. com. cn/t/2014－12－11/doc－iavxeafr6773937. shtml，2018 年 10 月 5 日访问。

　　② 参考"国产手机之痛：爱立信告小米侵权案开庭"，http：//news. mydrivers. com/1/431/431755. htm，2018 年 10 月 5 日访问。

2014 年 12 月 16 日，小米针对"诉前禁售令"提出上诉。在上诉文件中，小米向法院展示了高通公司授权小米为旗下手机产品配备高通芯片的文件，请求法院解除配备高通芯片的小米手机在印度市场的禁售令。印度法院授予小米临时许可，即在满足每台设备预缴 100 印度卢比于法院提存的前提条件下，小米可继续向印度销售配备高通芯片的手机。但是该临时许可不包括使用联发科处理器芯片的手机。①

此案于 2015 年 5 月 21 日在印度德里高等法院正式开庭审理，爱立信主张的巨额赔偿金，即每台手机销售金额的 1% 以弥补自身的损失获得法院的支持。小米在判决后上诉，此后法院多次作出判决，双方反复申诉。2016 年 4 月 22 日做出的判决显示，法院基于小米已经获得合作伙伴高通公司的专利授权这一事实，解除了 2014 年 12 月 8 日作出的包含爱立信专利的小米手机销售临时禁令。爱立信针对这一判决再次提出上诉。2019 年 10 月，双方在印度德里高等法院"握手言和"，历时 5 年的专利诉讼得以结束。

（2）案例总结。

a. 通信领域海外壁垒难以打破，为躲开专利围剿，企业需要积极进行标准必要专利的海外布局，积累专利资本。在拓展海外业务前，要预先进行专利预警分析，了解包括竞争对手的专利布局情况，做到知己知彼。

b. 上述案件耗时长达 5 年，是因为印度对于专利侵权案件的审理期限没有限制，专利侵权案件的审理时间往往很长，需要耗费案件双方大量的财力。

c. 在专利侵权判定标准方面，印度在进行专利侵权判定时将专利权的范围进行扩大解释，即不考虑专利权的非本质特征，只审查被控侵权物是否包括了体现发明本质特征的所有技术特征。而中国的专利侵权判定适用严格的全面覆盖原则，即只有被控侵权物涵盖并体现了全部必要技术特征才被认定为侵权。所以在中国可以合法实施和应用的技术，在

---

① 参考"爱立信印度起诉小米侵权案 5 月 21 日开庭辩论"，http：//tech. sina. com. cn/t/2015 - 03 - 23/doc - iawzuney1000793. shtml，2018 年 10 月 5 日访问。

印度实施并销售产品时则很可能面临专利侵权风险。①

d. 当专利权人的权益受到损害时，为了防止侵权人逃避法律责任并造成不可挽回的损失，专利权人可以申请临时禁令，即印度民事诉讼中的中间禁令，请求法院采取扣押、冻结、封存等临时措施，保证在法院作出判决之前不破坏现状。②

### 5.2.2 法国 Christian Louboutin 商标维权案③

申 请 号：1922048

类　　别：第 25 类

商　　标：红色鞋底

案件结果：权利人起诉成功

（1）案件背景。

法国 Christian Louboutin，是红底高跟鞋的创始品牌，据说美国总统特朗普的夫人梅拉尼娅·特朗普也十分喜爱。红底鞋的发展历程，甚至可以追溯至路易十四时期。那时，由于红色染料价格昂贵，只有贵族才能负担得起，因此，贵族男子喜欢把鞋跟做成红色，以彰显自己的富贵及与众不同。

Christian Louboutin 非常重视知识产权，为了保护"红色鞋底"商标权利，Christian Louboutin 一直是不遗余力。

（2）案件过程。

2016 年 Christian Louboutin 以位于德里的 Pawan Kumar 及其名下两家公司、Vijay Kumar 及其名下一家公司为被告向法院提起诉讼。被告均从事女鞋及配饰销售。Christian Louboutin 在诉状中透露，2016 年 2 月，Christian Louboutin 经过广泛的市场调查，了解到被告在其所销售的女鞋上使用了 Christian Louboutin 的"红色鞋底"商标，并在 2016 年 3 月和

---

① 刘益灯，朱志东："一带一路通讯企业印度投资的标准必要专利风险防范"，载《中南大学学报（社会科学版）》2016 年第 6 期。

② 吴小平："印度软件业知识产权发展的司法维护"，载《法制与社会》2013 年第 1 期。

③ 参考"'红色鞋底'也是商标，而且在印度维权还获胜了"，http://www.zhichanli.com/article/5512.html，2020 年 4 月 1 日访问。

5 月的两次详细调查中确认了被告实体的侵权行为。

经过审理，印度德里高等法院于 2017 年 12 月 12 日作出了判决。在判决中，印度德里高等法院将 Christian Louboutin 的"红色鞋底"商标理解为"被应用于鞋子外底的特定色调的红色"。法院表示，"红色鞋底"商标的商誉和知名度已从世界各地多个国家延伸至印度，消费者甚至在原告商标首次正式在印度推出以前就已经非常了解其商誉和声誉。

法院在判决书的第 14 段中列举了能够支持"红色鞋底"商标声誉的几项证据，包括：a. Christian Louboutin 在 60 多个国家被认为是知名奢侈品牌；b. 该商标自 1992 年以来经过了广泛持续的使用；c. 印度消费者对该商标的认知；d. Christian Louboutin 是该商标唯一许可人以及此前若干成功诉讼；e. 该商标在印度的广泛宣传；f. Christian Louboutin 在互联网上的广泛出现；g. Christian Louboutin 网站可在印度访问并且使印度人认识到 Louboutin 的商标及产品；h. Christian Louboutin 以该商标名义销售的产品受颁的各种奖项和荣誉。

法院认为，这些证据显然可以证明"原告的'红色鞋底'商标获得了显著特征"，并表示 Christian Louboutin 出示的证据"证明了原告是其引证知名商标'红色鞋底'的注册商标权人"。最终，法院判决由被告向原告支付损害赔偿及诉讼合理支出共约 107 万卢比（约合人民币 11 万元），并向几家印度鞋类销售商发出长期禁令。

（3）案例总结。

对于红色鞋底商标的显著性的判定结果，印度与中国大有不同。印度法院根据 Christian Louboutin 提供的起诉证据，认为"红色鞋底"商标具有国际识别力，知名度和影响力较大，最终判定该商标具有显著性。而在中国的相关案例中，"红色鞋底"商标并未被认定具有显著性。

该案例告诉我们，发现侵权、积极利用法律武器进行维权，不仅仅保护的是权利人的利益，还间接地保障了消费者的利益。商标是企业重要的无形资产，是企业的形象标志，是企业无论在任何一个发展阶段都要努力守护的所在。对于已经在市场上拥有一定知名度的商标品牌而言，防止商标被他人滥用，避免合法权益被不正当竞争所侵害，就要主动拿起法律武器，对侵权行为绝不姑息。

而对于刚刚注册不久的新商标企业来说，树立企业的声誉和信用是靠实力与坚持一点点累积而成的，绝不是依靠抄袭、傍名牌等非法手段达到的，创建自己的品牌并将品牌权利化才是立足市场的王牌武器。

# 中国企业在印度的知识产权
# 保护策略与风险防范

　　当今世界的经济全球化趋势日益凸显，知识经济所占的比重越来越大，知识产权日益成为国家和企业发展的战略性资源和提高国际竞争力的核心要素。越来越多的跨国企业利用知识产权来设置新的贸易壁垒，建立和扩大其市场竞争优势。对于一些缺乏知识产权保护意识、对知识产权保护还未给予足够重视的中国企业而言，则非常容易迈入"雷区"侵犯他人的知识产权。而对于一些已经开始注重知识产权保护、但却缺乏核心技术和自主知识产权的中国企业来讲，尚不能摆脱受制于人的尴尬局面，再加上其对同行业的知识产权信息缺乏了解，所以仍然会在生产销售过程中被动侵权，在国内、国外两个市场频繁遭遇知识产权纠纷，使自身遭受巨大的经济损失。这不仅对某个企业，有时甚至对整个行业的发展都构成了巨大危害。

　　中国企业进入印度市场，面临的知识产权风险存在于其生产经营的各个方面，毫无准备、贸然的经营行为，将可能导致中国企业处于被动挨打的不利境地。因此，预知可能遇到的知识产权风险，并预先拟定各种合理的规避方案和应对策略，是中国企业在印度安全、健康、持久发展的重要保证，是必须引起企业高度重视的一项重要工作。

　　中国企业的产品或技术在进入印度市场之前应当首先建立海外知识产权预警机制，对可能存在的知识产权风险及其可能产生的危害等进行预先评估，预先谋划应对策略，有效地指导产品的市场销售，准确地确定市场分布，尽量避免自身在印度市场可能遭遇的知识产权侵权风险，减少诉讼侵权投入、无效宣告投入和重复研发投入，为企业的发展保驾护航。

# 6.1  印度专利保护策略与风险防范

## 6.1.1  印度专利制度的特点

印度专利制度的特点主要有以下几点。

（1）专利类型独特。中国的专利类型包括发明、实用新型和外观设计三种，而印度专利类型仅包括发明，不包括实用新型，并且外观设计通过外观设计法进行单独保护。发明专利保护具有新颖性、创造性和工业实用性的技术、步骤、方法或者制造方式、机器、设备、其他产品、生产制造的物质等。

（2）申请途径多。申请印度发明专利主要有三种途径：PCT 途径、巴黎公约途径以及直接向印度专利局递交申请。不同的申请途径所需提交的申请文件及要求不同，本书在第 2 部分中已作详细介绍。

（3）语言要求限制低。在印度申请专利时，申请人向官方递交的文件一般被要求使用英语和印地语，而英语是印度的官方语言。

（4）无职务发明的规定。印度专利法没有针对职务发明的规定。

（5）审查意见的答复总期限短。在印度，如果印度专利局下发了审查意见通知书，则申请人一般只有 6 个月的时间让这个案子达到授权状态。这个 6 个月的期限并非仅指答复第一次审查意见通知书的期限，而是包括了答复第一次和后续审查员发的第二次、多次审查意见通知书等可能事件的一个总的期限，如果 6 个月内该专利没有被授权，则将会被视为放弃。所以申请人应尽快答复审查意见，给后续审查意见通知书留足够的时间。如果评估出 6 个月内无法使专利授权，在缴纳相关费用的前提下，申请人可以在到期前请求延长期限 3 个月，这样总的期限就变为 9 个月。

### 6.1.2 专利策略与布局

企业在制定专利策略和进行专利布局时，除了常见的技术层面布局因素外，还要注意以下几个方面的问题。

（1）市场规模。

企业专利布局的目的主要是保护自有产品，确保专利竞争优势，保证自身的市场自由。自身市场包括现有市场和潜在市场，若印度是企业当前产品的主要市场或未来的潜在市场，可考虑提交印度专利申请。考虑到印度专利审查周期非常长，企业可以提前启动专利布局相关工作。进入印度的专利数量需要根据企业产品在印度的市场规模来决定，做到专利数量与市场规模相匹配，并根据预期市场利润的多少在布局强度上有所侧重。

企业在印度进行专利申请的流程较复杂且费用较高，每件印度专利的获取成本大约是中国专利的5—10倍。因此，企业在印度申请专利的数量需要与企业产品所处的技术领域和预期销量成正比。例如，手机行业属于技术密集型行业，其包含数以万计的授权专利，每件产品难以避免地用到大量现有技术和现存专利。因此，手机行业的专利布局数量就要数倍甚至数十倍于传统行业（如机械、化工行业等）。另外，企业的产品在印度的销售量越大，遇到专利威胁的概率越高，发生专利纠纷后的潜在损失也越大，所以专利数量必须与印度市场销售规模相匹配。

（2）竞争对手。

如果竞争对手在印度实力较强，专利积累较多，那么企业可以通过提交专利申请在印度进行专利布局。一方面，可以为将来企业进入印度市场提前做好准备，积累自身的专利资源；另一方面，即使不进入，也可针对竞争对手进行对抗性和限制性专利布局，为后续可能发生的专利纠纷提供应对筹码。

（3）申请时机。

在获得一项研究成果后，理论上应尽快地申请专利。但鉴于激烈的竞争环境，企业应当从整体利益出发，对申请时机进行统筹，并重点考虑行业整体技术现状和竞争对手研发进度。如果同一或相似技术同时有多家企业或者其他主体在进行研制时，应抢先申请已有成果；如果没有，则可以视技术优势大小灵活调整申请时机。当技术优势小时，应尽快申请，抢占先机；当技术优势明显时，可暂缓申请。这样一方面可以防止过早地让竞争对手获悉先进技术而缩短技术差距，另一方面也可延长技术的保护期限。

实际上，抢先申请和暂缓申请各有利弊，在无法确定的情况下，以尽早申请更为稳妥，可在申请文件中考虑技术方案披露的完整度，然后通过优先权等方式安排后续申请。

（4）申请途径。

进行印度专利布局还要充分考虑时间因素，选择适合的申请途径。比如，如果通过巴黎公约途径在印度申请专利，则必须在优先权专利（一般为中国专利申请）递交后的 12 个月内向所有打算获得专利的海外国家递交专利申请。如果通过 PCT 途径在印度申请专利，则可将上述期限放宽至 31 个月左右，为企业赢得考察技术和产品销售情况的缓冲期。然而与之相对应的是，如果企业需要在短期内完成初步的海外布局，则巴黎公约途径的授权效率显然高于 PCT 途径。

（5）公开时机。

印度专利法规定了提前公开制度。当需要尽快获得印度专利权时，在申请后可同时请求提前公开。但对于储备性技术、有改进或完善预期的技术或者外围专利暂未准备完全的专利申请，则不建议提前公开，这样不仅可以达到实际上的保密目的，而且对后续完善和组合申请留下了足够的时间。

（6）专利维持时间。

进入印度的专利维持时间取决于企业根据专利技术情况、专利价值、专利持续投入规划、专利制度相关规定等主要影响因素做出的综合性决定。专利维持的目的在于通过转化为产品应用、各种经营方式转化、保护性的组合发挥专利作用，从而使企业产品增值和利润最大化。随着市场的变化，如果专利失去了相应功能，且不存在转让等运用可能的，则可以不再对相关专利进行维持。

综上所述，对于计划进入印度市场的中国企业，应提前掌握相关技术在印度的知识产权分布情况，尤其需要关注的是印度市场竞争对手的知识产权布局，因为竞争对手的知识产权布局很有可能是自身未来知识产权的风险所在。另外，企业也要从多方面保护自己的创新和发明，除了专利保护，也要重视其他形式的知识产权保护，包括外观设计、商标、版权和商业秘密保护等。例如，美国和欧洲的企业过去倾向于申请发明专利，而最近几年智能产品外观设计引起的法律纠纷越来越多，可见外观设计的重要性。

### 6.1.3　专利风险防范措施

如果中国企业在未开展专利布局的情况下进军印度市场，将面临较大的专利侵权风险。企业应具有专利风险意识，积极建立专利预警机制，开展专利预警分析，为竞争战略保驾护航。企业应主动了解和熟悉国际贸易与知识产权规则、印度的专利制度以及潜在的主要竞争对手专利储备情况。此外，企业还应提高技术创新水平，并积极在印度开展专利布局，丰富专利储备，为产品进入印度市场奠定基础。此外，企业在具备一定的专利实力后，可以考虑与竞争对手签署交叉许可协议，以降低技术研发成本。

企业在印度市场一旦遭遇专利诉讼，除了积极应对外，还应当借助各类知识产权服务机构的专业力量，依法维护自身的权益。企业可以寻求熟悉国际贸易和知识产权规则、专业化程度高的知识产权服务机构参与诉讼。

## 6.2　印度外观设计保护策略与风险防范

### 6.2.1　印度外观设计制度的特点

印度外观设计制度的基本目的在于促进和保护工业产品外观设计元素及促进整个产业领域的创新活动。中国企业在印度进行外观设计相关工作时，要考虑到印度外观设计制度的特点，注意以下几点。

（1）申请途径。

中国企业应该注意，印度和中国目前都没有加入海牙协定，因此如果要进入印度申请外观设计，仍仅能够通过巴黎公约途径和直接向印度外观设计局递交申请，其中优先权为 6 个月。

（2）申请禁忌。

除不予注册的条件外，还需要注意的是，在印度，邮票、明信片、建筑物、徽章和旗帜都不能注册外观设计。另外与中国相同的是，不能单独制造和出售的局部设计以及集成电路布图也不能在印度注册外观设计。

（3）与著作权之间的关系。

艺术作品不能作为外观设计注册，并且外观设计权人不能享有外观设计上应用的绘画、摄影作品的著作权。另外需要注意的是，对于可以注册外观设计但未注册的外观设计，经著作权人的许可，将此外观设计应用到产品上复制超过 50 次后，该著作权即被视为丧失。

（4）不丧失新颖性的宽限期。

印度对于外观设计不丧失新颖性的宽限期为 6 个月。在相关外观设计产品首次展出或描述外观设计的文章发表之后的 6 个月内提出的注册申请，不会因其缺乏新颖性而被禁止注册，但是需要展示者或发表人在相关外观设计公布前向政府报备。

## 6.2.2 外观设计策略与布局

印度申请外观设计的策略与布局需考量因素主要包括以下几方面。

（1）市场。企业当前相关外观设计产品的主要市场或未来的潜在市场覆盖了印度，则可以考虑在印度进行外观设计申请。

（2）竞争对手。如果企业的竞争对手已进入印度市场，且产品和市场规模的竞争力较强、外观设计积累较多，则企业可以通过提交外观设计申请在印度进行布局，积累抗衡竞争对手的筹码。

（3）其他。企业在印度进行外观设计布局时，除了以上因素外，还要注意印度外观设计法对保护客体、保护期限审查制度等相关规定，以免因不符合相关法律规定而造成权益受到损失。

### 6.2.3 外观设计风险防范措施

企业在印度进行外观设计申请时应该遵循印度外观设计法的相关要求，尤其是与中国专利法要求的不同之处，使得申请文件和注册内容符合印度的相关要求，以免申请注册的外观设计既无法得到印度的保护，也浪费了企业的金钱。

另外，在进入印度之前，企业需要重点考虑可能的外观设计侵权和诉讼风险，了解印度外观设计布局的情况，并了解有关侵权判定的法律规定。只有这样，才能更好地保护企业自身的合法权益。

## 6.3 印度商标保护策略与风险防范

### 6.3.1 印度商标制度的特点

印度商标制度的特点主要有以下几点。

（1）商标管理机构独特。

印度的主要商标管理机构为商标注册局。其中，总局设在孟买，隶属印度专利、外观设计和商标管理总局，同时为了商标注册方便在其他地方设立了四个分局，分别位于艾哈迈达巴德、加尔各答、金奈及德里。除此之外，印度管理商标的相关政府机构还有工商部、工业产权促进部等。

中国国家知识产权局商标局主管全国商标注册和管理的工作，商标评审业务部门（原商标评审委员会）负责处理商标争议事宜。地方各级工商行政管理部门负责商标管理工作，通过商标管理，监督商品质量，制止欺骗消费者的行为。

（2）关于"加速审查"条款。

印度商标法有"加快审查"条款，中国商标法无此条款。根据印度商标法相关规定，申请序号领到后，申请人提交规定的表格 FormTM - 63，陈述加快审查的理由，并且缴纳相当于正常申请费 5 倍的加快审查费用后就可以要求启动加快审查程序。

（3）商标生效日期不同。

印度商标法规定提交商标注册申请的日期为该商标的生效日期。而中国商标法规定商标生效日期从初步审定公告 3 个月期满之日起计算。

（4）关于对"重犯或者再犯的处罚"的规定。

印度商标法规定，对于已有侵权记录，再次被认定为侵权的重犯或者再犯者处以 1 年以上 3 年以下的监禁，并判处 20 万卢比以下的罚款。而中国商标法中无此相关规定。

（5）与"纺织品"相关的规定。

印度商标法中有与纺织品相关的规定，而中国商标法中没有这些规定。

## 6.3.2 商标策略与布局

市场未动，商标先行。商标作为知识产权的重要组成部分，对于企业的发展与市场推广，尤其是海外市场的开拓，起着非常重要的作用。商标具有地域性，商标在一个国家获准注册，该商标只能受该国保护，对其他国家没有法律效力。现实中，有些中国企业容易想当然地认为在中国注册了商标，该商标便可以在世界范围内受到保护，从而对其海外注册不以为意。甚至在没有该国商标权保护的情况下，先行推广市场，导致后期被侵权时陷入被动挨打的局面。

有些企业在开辟国际市场时没有认识到及时申请注册商标、取得当地法律保护的重要性，以致自己的商标屡屡被他人抢注，即使该商标在中国已经是知名商标。这给这些企业未来进军国际市场带来了严重障碍，甚至部分被逐渐挤出原已打开的市场。

在印度进行商标布局过程中，除了商标的选择、申请，布局的时间规划、进入印度的途径以外，中国企业还需重视印度当地的语言环境，其中中文标识在印度的可识别性会大大下降，外文标识的可识别性较强，因此在印度进行商标布局时需更侧重外文标识的保护。印度民族众多，语言复杂，其宪法除规定的 18 种语言为联邦官方语言外，还规定了英语为行政和司法用语。英语和印地语同为官方语言。因此企业需根据印地语种，考虑注册当地语言对应翻译或音译的标识，来提高品牌识别度及接纳程度。同时对于某些在印度当地有昵称的标识，对这些昵称的保护也需重视，其体现了当地消费者的接受及认可，具有良好的品牌效应。

### 6.3.3 商标风险防范措施

有条件的企业在进入印度市场前，应先建立印度商标海外预警机制，对可能存在的商标风险及其可能产生的危害等进行预先评估，以规避可能存在的侵权风险，并预先谋划应对策略。当然最为关键的还是提前申请商标注册，尽早获得属于自己的合法商标权利基础。

# 附录 印度专利法①

## 印度专利法

### （1970 年第 39 号）

本法由《印度专利法》（2005）修正，旨在修订和整合专利相关法律。

## 目 录

---

① 编辑注：为了便于理解和查阅，附录中对《印度专利法》的翻译在体例上与英文原文保持一致。

# 第一章　总　　则

**第1条**　标题、适用范围与生效

（1）本法简称1970年专利法。

（2）本法适用于印度全境。

（3）本法的生效日期由中央政府指定，并在政府公报上公布。但是，对于本法不同的条文可以指定不同的生效日期，且该等条文所规定的本法生效日期，应解释为该条的生效日期。

**第2条**　定义和解释

（1）除上下文另有规定外，本法中：

（a）"申诉委员会"，是指本法第116条规定的申诉委员会；

（ab）"受让人"包括该受让人的受让人、已故受让人的法定代理人的受让人；涵盖任何人的受让人，该等受让人有法定代理人或受让人的，包括该法定代理人或受让人的受让人；

（aba）《布达佩斯条约》是指1977年4月28日在布达佩斯签订的

《国际承认用于专利程序的微生物保存布达佩斯条约》，包括其后续修正和修改；

（ac）就发明而言，"具备工业实用性"是指该发明能够进行工业制造或使用；

（b）"管理局"是指本法第73条规定的关于专利、外观设计和商标管理总局；

（c）"公约申请"，是指根据本法第135条提交的专利申请；

（d）"公约成员国"是指本法第133条规定的公约成员国，或依本法第133条视为一个公约国的国家集团、联盟或政府间组织的成员国；

（e）"地方法院"的含义与1908年《民事诉讼法》的规定相同；

（f）"独占许可"是指专利权人允许被许可人和被许可人授权方实施相应发明专利的任何权利，而禁止其他各方（包括专利权人）行使该等权利，独占被许可人也应当作相应的解释；

（g）已删除；

（h）"政府实体"，是指由下列主体运营的任何产业实体：

（i）政府部门；

（ii）根据中央、省或者州法律设立并且由政府持有或者控制的社团、法人；

（iii）1956年《公司法》（1956年第1号法案）第617条规定的政府公司；

（iv）全部或者主要由政府出资的公共机构；

（i）"高等法院"，就邦或者联邦领域而言，是指在邦或联邦领域内具有地域管辖权的高等法院；

（ia）"国际申请"，是指依照《专利合作条约》提出的专利申请；

（j）"发明"，是指含有创造性步骤并且具备工业实用性的新产品或者新工艺方法；

（ja）"创造性步骤"，是指发明具有这样的特征：它相对于现有技术具有技术上的进步或具有重大经济利益或两者兼备，并且使得该发明对于本领域技术人员而言是非显而易见的；

（k）"法定代理人"，是指依法代表已故者遗产的人；

（l）"新发明"，是指在充分公开的专利申请提交日之前未被任何出版物披露，并且未在本国或者世界其他任何地方使用过的发明或者技术，即发明主题没有落入公共领域或者不构成现有技术的一部分；

（la）"异议委员会"，是指根据本法第 25 条第（3）款设立的异议委员会；

（m）"专利"，是指根据本法对任何发明授予的专利；

（n）"专利代理人"，是指根据本法被注册为专利代理人的人；

（o）"专利产品"和"专利方法"分别是指受有效专利权保护的产品或者方法；

（oa）《专利合作条约》，是指 1970 年 6 月 19 日在华盛顿签订并在其后修正的《专利合作条约》；

（p）"专利权人"，是指在专利登记簿上记载的专利权人或者受让人；

（q）"增补专利"，是指根据本法第 54 条授予的专利；

（r）"专利局"，是指本法第 74 条所述的专利局；

（s）"申请人"包括政府；

（t）"利害关系人"包括在发明所属领域从事或者促进研究的人；

（ta）"药品"，是指含有一个或者多个创造性步骤的任何新药；

（u）"规定的"是指：

（A）就高等法院的诉讼程序而言，高等法院制定的规则所规定的；

（B）就申诉委员会的诉讼程序而言，申诉委员会制定的规则所规定的；

（C）就其他案件而言，根据本法制定的规则所规定的。

（v）"规定方式"包括规定费用的缴纳方式；

（w）"优先权日"具有本法第 11 条规定的含义；

（x）"登记簿"，是指本法第 67 条规定的专利登记簿；

（y）"真实且原始发明人"既不包括第一个将发明进口到印度的人，也不包括第一个从印度境外取得发明专利权的人。

（2）本法中，除另有规定外：

（a）任何涉及管理局的规定应当解释成包括按照本法第73条的规定履行管理局职能的任何官员；

（b）任何涉及专利局的规定应当解释成包括专利局的分支机构。

# 第二章　不授予专利权的发明

**第3条**　不属于发明的主题

下列不属于本法意义上的发明：

（a）包含明显违背自然法则的内容或者没有意义的发明；

（b）发明的主要或预期用途，或者商业开发违背公共秩序或公共道德，或者会对人类、动植物的生命或健康、环境造成严重的损害；

（c）单纯对科学原理或抽象理论公式的发现，或者对自然界现有的任何有生命或没有生命的物质的发现；

（d）单纯对已知物质的新形式的发现，并且该发现没有改进该物已知功用，仅为已知物质新属性或新用途的发现或仅为已知工艺、机械或装置的用途，除非该已知工艺产生了新产品或至少产生了一种新的反应物；

说明：为本条之目的，已知物质的盐、酯、醚、多晶型物、代谢产物、纯净形态、颗粒大小、异构体、异构体混合物、复合体、结合或其他衍生物应视为与该物质相同的物质，除非它们在性能功效方面存在很大差异；

（e）仅通过混合物获得的物质，其仅产生其组分的性质的聚集，或者产生该物质的方法；通过只产生各组分属性的叠加功能的简单混合获得的物质及其生产该物质或者为生产该物质的方法；

（f）仅为已知设备的组合或重新组合或重复，各设备以已知方式相互独立地起作用；

（g）已删除；

（h）农业或者园艺方法；

（i）对人体进行医疗性、手术性、治愈性、预防性诊断、疗法或其他治疗方法，或者为使动物免于疾病或提高其经济价值或生产率而采用的与上述方法相类似的任何方法；

（j）植物和动物整体或者其任何部分，包括种子、变种和物种，但不包括微生物，以及本质上属于生产或者繁殖植物和动物的生物学方法；

（k）本质上属于数学或商业方法，或者计算机程序本身，或者运算法则；

（l）文学、戏剧、音乐或艺术作品或其他任何美学创作，包括电影作品和电视作品；

（m）单纯的智力活动方案、规则或方法，或者玩游戏的方法；

（n）信息的表达方式；

（o）集成电路布图设计；

（p）实际上属于传统知识或是传统上已知组分的已知属性的组合或重复。

**第 4 条** 有关原子能的发明不属于授权主题

与属于 1962 年《原子能法》（1962 年第 33 号法案）第 20 条第（1）款规定的原子能有关的发明，不得被授予专利权。

**第 5 条** 仅限于制造方法或者工艺才可获得专利的发明〔已删除〕

## 第三章 专利申请

**第 6 条** 申请人

（1）依照本法第 134 条的规定，发明专利申请可以由下列主体提出：

（a）主张是真实且原始发明人的任何人；

（b）主张是真实且原始发明人的任何受让人；

（c）在已故人去世前刚被授予专利申请权的已故人的法定代理人。

（2）前款规定的主体可以单独或者和其他任何人共同提出专利申请。

**第 7 条** 申请的形式

（1）一件专利申请应当仅限于一项发明，并且应当按照规定的形式撰写和向专利局提交。

（1A）依据《专利合作条约》提出的国际申请，指定国为印度，且相应申请已向管理局提出，视为依据本法提出的申请。

（1B）本款（1A）所述专利申请及其由指定局或者选定局处理的完整说明书的提交日，就是根据《专利合作条约》确定的国际申请日。

（2）发明专利申请权转让后提交申请的，应当在提交或者申请后在规定的期限内补交申请权转让的证明。

（3）根据本条提交申请的，应当声明申请人拥有该发明，并列明真正发明人；真正发明人非申请人或共同申请人之一的，申请应包含申请人确信所列明者为真正发明人的声明。

（4）专利申请（不包括公约申请和根据《专利合作条约》指定国为印度的申请）应当有临时或者完整说明书。

**第8条** 关于提交同族专利申请的信息和保证

（1）本法规定的专利申请人就相同或实质相同的发明，单独或与他人共同在印度之外的国家申请专利的，或者据其所知，其在先权利人或其在后权利人正在国外申请专利的，申请人应当在申请时，或申请后在管理局指定的期限内，提交下列文件：

（a）描述上述申请详细信息的说明；

（b）保证书，就对相同或者实质相同的发明在国外提交的专利申请，保证在该发明在印度授予专利权前，将按照本款第（a）项的要求，将此等其他申请的详细信息，书面告知管理局。

（2）在印度提交专利申请后，并且直到被授予专利权或者被驳回的任何时间内，管理局也可以要求申请人按照规定提交有关国外专利申请审查的详情。在此情况下，申请人应当在规定的期限内向管理局提交其可以获得的审查信息。

**第9条** 临时说明书和完整说明书

（1）专利申请（公约申请和根据《专利合作条约》指定国为印度的申请除外）附有临时说明书的，应在申请日起12个月内提交完整说明书；未按时提交的，视为放弃专利申请。

（2）同一申请人提交均附有临时说明书的两件或者两件以上专利申请，且该申请中的发明是相关的或者一件是另一件的改进的，如果管理局认为上述发明属于一个发明或完全可以涵盖在一个专利范围内，管理局可以允许就上述所有临时说明书，提交同一份完整说明书。

但是，本条第（1）款规定的期限，应当自最早提交的临时说明书之日起计算。

（3）专利申请（不包括公约申请或者根据《专利合作条约》指定国为印度的申请）声称附有完整说明书的，管理局可以根据申请人在自申请日起 12 个月内提出的请求，指令该说明书视为本法意义上的临时说明书，从而继续进行审查。

（4）专利申请附有临时说明书，或者根据本条第（3）款的规定，视为附有临时说明书的，完整说明书提交后，申请人在授权前任何时刻提出请求的，管理局可以删除临时说明书，并将该申请日期推后至完整说明书的提交日。

**第 10 条　说明书内容**

（1）说明书，包括临时说明书和完整说明书，都应当描述发明的内容，以标题为开头，且标题应足以表明发明所涉及的主题。

（2）依照本法的规定，申请人可以提供符合临时说明书或者完整说明书目的的说明书附图；如果管理局要求提供，则申请人应当提供。并且除管理局另有指令外，所提交附图应当视为说明书的一部分，本法中涉及说明书的规定应当据此作出相应解释。

（3）特殊情况下，如果管理局认为，专利申请应当进一步补交模型或者样品用以演示说明发明内容，或者提出构成发明的理由，其所要求的模型或者样品应当在该申请准备授权前提交，但是该模型或者样品不应被视为说明书的一部分。

（4）完整说明书应当：

（a）充分、详细地描述发明内容及其实施方式或者用途以及操作方法；

（b）公开申请人所知的、通过权利要求主张保护的发明的最佳实施方法；

（c）以限定发明保护范围的权利要求作为结尾；

（d）附有关于发明的技术信息的发明摘要，但是：

（i）管理局可以修改摘要以便向第三方提供更好的信息；

（ii）如果申请人在说明书中提及生物材料，其不能以本款第（a）和第（b）项规定的方式描述发明内容，且该生物材料公众无法获得，则须向《布达佩斯条约》规定的国际保藏机构保藏该生物材料，并满足下列条件，方可完成该申请：

（A）该生物材料的保藏不得迟于该专利申请在印度的申请日，并应在规定期限内，在说明书中予以载明；

（B）说明书应当载明所有有助于正确辨识或者指明生物材料的可获知的特性，包括保藏机构的名称、地址以及该材料在该机构中的保藏日期和保藏编号；

（C）在印度专利申请日（有优先权的，指优先权日）之后可以从保藏机构获得该生物材料；

（D）发明利用了生物材料的，在说明书中公开该材料的来源和地理来源。

（4A）国际申请以印度为指定国的，与申请一起提交的发明名称、说明书、说明书附图、摘要以及权利要求书应当被视为按照为本法目的的完整说明书。

（5）完整说明书的权利要求应当与一项发明或者形成一个总的发明构思的多项发明有关，并且应当清楚、简洁，充分以说明书公开的内容为依据。

（6）在规定的情形下，有关发明的发明人权属的声明书应当以规定的表格与完整说明书共同提交，或者在提交该说明书后的规定期限内提交。

（7）在符合本条前几款规定的情况下，在提交临时说明书后提交的完整说明书可以包括有关临时说明书中描述的发明的改进或者附加部分的权利要求，但以申请人有权根据本法第 6 条的规定对该改进或者附加部分提出独立的专利申请为限。

**第 11 条**  完整说明书中权利要求的优先权日

（1）对于完整说明书中的每一项权利要求均应当有优先权日。

（2）当就单件申请附有：

（a）临时说明书；或者

（b）根据本法第9条第（3）款所述指令，视为临时说明书的专利申请提交完整说明书，并且权利要求完全以所述本款第（a）项或者第（b）项的说明书公开的内容为依据的，则该权利要求的优先权日应当是相应说明书的提交日。

（3）若两件及以上附带有本条第（2）款规定的材料的专利申请依据同一份完整的申请书，且申请中的权利要求完全依据申请书所披露的事项，则：

（a）权利要求完全以这些说明书中的一件说明书公开的内容为依据的，该权利要求的优先权日应当是附有该说明书的专利申请的提交日；

（b）权利要求的一部分内容在一件说明书中公开，一部分内容在另一份说明书中公开的，该权利要求的优先权日应当是附有在后说明书的专利申请的提交日。

（3A）自在先申请提交日起12个月内提交基于该在先申请的完整说明书，并且权利要求充分以在先申请公开的发明内容为依据的，该权利要求的优先权日应当是首次公开该发明内容的在先申请的提交日。

（4）已就依据本法第16条第（1）款的规定提交的分案申请提交完整说明书，并且权利要求充分以任一在先临时或者完整说明书公开的发明内容为依据的，该权利要求的优先权日应当是首次公开该发明内容的说明书的提交日。

（5）根据本条前述规定，完整说明书的任何权利要求有两个或者两个以上优先权日的，如果不是本款规定情形的，则该权利要求的优先权日应当是这些日期中的在先日期或者最早日期。

（6）若第（2）款、第（3）款、第（3A）款、第（4）款和第（5）款不适用，在符合本法第137条的前提下，权利要求的优先权日为完整说明书的提交日。

（7）依据本法第9条或第17条申请日推迟的，或依据本法第16条申请日提前的，本条所称的专利申请日或完整说明书提交日，是指推迟或提前后的日期。

（8）完整说明书中的权利要求不应当仅因下列原因而被宣告无效：

（a）在该权利要求的优先权日或之后，在该权利要求的保护范围内的发明被公开或使用的；或者

（b）要求保护相同发明，但其优先权日与该权利要求相同或在其后的专利申请已被授予专利权的。

# 第四章 专利申请的公布与审查

**第 11A 条** 专利申请的公布

（1）除另有规定外，专利申请不得在规定的期限届满前对公众公布。

（2）专利申请人可以按照规定的方式，请求管理局在本条第（1）款规定的期限届满前的任何时间和依照本条第（3）款的规定公布其专利申请，管理局应当及时公布该专利申请。

（3）在本条第（1）款规定的期限届满时，每件专利申请都应当予以公布，但下列情形除外：

（a）根据本法第 35 条的规定对专利申请进行保密的；

（b）根据本法第 9 条第（1）款的规定已经放弃专利申请的；

（c）在本条第（1）款规定的期限 3 个月前已经撤回专利申请的。

（4）根据本法第 35 条的规定对专利申请予以保密的，专利申请应当在本条第（1）款规定的期限届满后或者保密指令指定的保密期限届满后公布，以在后时间为准。

（5）根据本条公布的专利申请应当包含下列内容：申请日、申请号、申请人的姓名和地址以及说明书摘要。

（6）根据本条规定公布专利申请的：

（a）保藏机构应当使公众能够获得说明书中提及的生物材料；

（b）在缴纳规定的费用的情况下，专利局可以向公众提供专利申请的说明书及其附图（如有）。

（7）自专利申请公开日起（含公开日），至专利申请授权日止，申

请人对发明享有权利，该权利的效力与在申请公布日已授予专利权类似；但申请人在授予专利权前，不得提起侵权诉讼，且对于在2005年1月1日前根据本法第5条第（2）款的规定提交的申请，申请人的专利权自专利授权日起自动产生。此外，对依本法第5条第（2）款提交的申请授予专利权后，专利权人仅可从下列企业获得合理报酬，且不得针对该企业提起专利侵权诉讼：该企业于2005年1月1日前已进行重大投资并进行相关产品的生产销售，且在授予专利权之日后继续生产专利保护范围内的产品。

**第11B条** 审查请求

（1）除申请人或任何其他利害关系人在规定的期限内以规定的方式请求审查外，不得对专利申请进行审查。

（2）已删除。

（3）在2005年1月1日前根据本法第5条第（2）款的规定提交专利申请的，申请人或任何其他利害关系人应当在规定的期限内以规定的方式提出审查请求。

（4）申请人或者任何其他利害关系人未在本条第（1）款或第（3）款规定的期限内请求审查专利申请的，专利申请应当被视为撤回。但是：

（ⅰ）申请人可以在提交专利申请后、授予专利前的任何时间以规定的方式请求撤回专利申请；

（ⅱ）专利申请已经按照本法第35条的规定予以保密的，可以在自保密指令撤销之日起的规定期限内请求审查。

**第12条** 专利申请的审查

（1）按照本法第11B条第（1）款或者第（3）款规定的方式提交专利申请审查请求的，管理局应当及时尽快将请求书、说明书及其他有关文件转交给审查员，由审查员作出并向管理局提交有关下列事项的报告，即：

（a）请求书、说明书以及其他有关文件是否符合本法或者根据本法制定的任何规则的规定；

（b）在审查过程中，该专利申请是否存在根据本法应当予以驳回的法定情形；

（c）根据本法第13条的规定作出的调查报告；

（d）规定的其他任何事项。

（2）审查员收到按照本条第（1）款提交的请求书、说明书及其他相关文件后，一般应当在规定的期限内向管理局提交审查报告。

**第13条** 现有技术和抵触申请的检索

（1）审查员收到按照本法第12条的规定提交的专利申请后，应当进行调查，以确定完整说明书的任何权利要求中所要求保护的发明是否：

（a）已经在申请人提交完整说明书之日前公布的、1912年1月1日或之后在印度提交的专利申请的任一说明书中被披露；

（b）在申请人提交完整说明书之日或者之后公布的其他任何完整说明书的任何权利要求中所要求保护，该已公布的完整说明书是在印度提交的专利申请的说明书，且其提交日或者其要求的优先权日先于申请人的提交日。

（2）同时，审查员应当进行调查，以确定完整说明书的任何一项权利要求所要求保护的发明是否已经被申请人提交完整说明书之日前的、印度或者其他地方公布的、除本条第（1）款所述的文件外的任何文件所披露。

（3）在授权之前根据本法的规定修改完整说明书的，应当以与原说明书同样的方式对修改的说明书进行审查和调查。

（4）根据本法第12条和本条的规定进行的审查和调查，不得被以任何方式视为任何专利权有效的保证，中央政府或者任何官员不因为任何审查、调查、报告或者其他诉讼结果，或者与上述事项有关而承担任何责任。

**第14条** 管理局对审查员报告的考虑

审查员报告对申请人不利的，或者需要对请求书、说明书或者其他文件进行修改以确保符合本法或者根据本法制定的规则的规定的，管理局在按照本法之后的规定继续处理专利申请之前，应当及时通知申请人其作出驳回决定的理由，如果申请人在规定的期限内要求听证的，应当给予其听证的机会。

**第 15 条**　在某些情形下管理局驳回申请或者要求修改专利申请的职权

管理局认为请求书或者说明书或者其他任何文件不符合本法或者根据本法制定的规则的规定的，可以驳回该专利申请或者在继续处理该专利申请之前，根据案情要求申请人对请求书、说明书或者其他文件进行修改，达到使管理局满意的程度，未进行修改或者修改不符合要求的，驳回该专利申请。

**第 16 条**　管理局作出有关分案申请命令的职权

（1）完整说明书的权利要求涉及多项发明的，在授权之前，如果申请人愿意或者为了克服管理局指出的缺陷，申请人可以就原申请暂定的发明或者完整说明书中公开的其中一项发明另行提交一件分案申请。

（2）提交本条第（1）款所述的分案申请的，应当提交完整说明书，但是该完整说明书不得包含实质上在原专利申请的完整说明书中未曾公开的内容。

（3）管理局可以要求申请人修改原申请或分案申请的完整说明书，以便在需要时确保上述完整说明书不包含另一说明书要求保护的内容。

说明：为本法之目的，分案申请及其完整说明书的提交日应当被视为原专利申请的提交日，并且申请人在规定期限内提交审查请求的，分案申请应当作为一个独立存在的专利申请进行处理和审查。

**第 17 条**　管理局作出有关确定申请日期命令的职权

（1）依照本法第 9 条的规定，在提交专利申请之后、授予专利之前，申请人以规定的方式提出请求的，管理局可以依申请人请求，指令推迟该申请的申请日，并相应地对该申请继续审查。但是，依本款推迟后的申请日，不得迟于专利申请的实际提交日（或若无本款规定，专利申请日视为提交之日）6 个月。

（2）根据本法第 15 条的规定要求修改请求书、说明书（包括附图）或者其他任何文件的，请求书、说明书（包括附图）或者其他任何文件应当根据管理局的指令视为已经在符合条件之日提交，请求书、说明书（包括附图）或者其他任何文件退回申请人的，视为已经在重新提交符合条件的有关文件之日提交。

**第 18 条**　管理局在发明已被披露情形下的职权

（1）管理局认为完整说明书的权利要求范围内的发明已经被以本法第 13 条第（1）款第（a）项或者第（2）款所述的方式公开，管理局可以驳回该专利申请，但是有下列情形的除外：

（a）申请人向管理局证明其完整说明书的权利要求的优先权日并不晚于相关对比文件的公开日；

（b）申请人对其完整说明书的修改达到使管理局满意的程度。

（2）管理局认为该发明已经被本法第 13 条第（1）款第（b）项所述的任何其他完整说明书的权利要求所保护的，管理局可以依照以下条款的规定，指令申请人应当在完整说明书中提及该其他说明书，以引起公众的注意，除非在规定的时间内：

（a）申请人向管理局证明其权利要求的优先权日并不晚于该其他说明书的权利要求的优先权日；

（b）申请人对完整说明书的修改达到使管理局满意的程度。

（3）根据本法第 13 条或者其他规定进行调查的结果，如果管理局认为：

（a）申请人提交的完整说明书的权利要求所保护的发明，已落入本法第 13 条第（1）款第（a）项规定的其他完整说明书的权利要求范围内；且

（b）该其他完整说明书的公开日为申请人权利要求的优先权日或者之后；

则应当以与申请人提交完整说明书之日或者之后公开的说明书相同的方式适用本条第（2）款的规定，除非申请人能够证明申请人权利要求的优先权日并不晚于该其他完整说明书的权利要求的优先权日。

（4）已删除。

**第 19 条**　管理局在可能侵权情形下的职权

（1）通过调查，管理局认为实施专利申请所要求保护的发明会产生侵犯其他专利的实质风险的，可以通过公众公知的方式，指令申请人在完整说明书中增加关于该等其他专利的内容，但在规定时限内，有下列

情形者除外：

（a）申请人证明有合理的理由对该其他专利的权利要求的有效性提出质疑；

（b）申请人对完整说明书的修改达到使管理局满意的程度。

（2）执行本条第（1）款所述指令，即在完整说明书中提及另一专利后，有下列情形之一的，管理局可以根据申请人的申请删除提及该其他专利的部分：

（a）该其他专利被撤销或因其他原因失效的；

（b）该其他专利的说明书删除了相关权利要求；

（c）在法院的诉讼程序或管理局主持的程序中发现，该其他专利的相关权利要求是无效的或者实施申请人的发明不会侵犯上述权利要求。

**第 20 条** 管理局作出关于变更申请人等指令的职权

（1）请求人在授权之前的任何时候以规定方式请求变更专利申请人，根据专利申请人或者其中一个专利申请人签署的转让证书或书面协议，或者法律的规定，管理局认为，请求人对专利申请的利益享有权利的，或者对专利或其利益享有不可分的权利的，可以依照本条的规定，指令应当根据案情以请求人为专利申请人或者以请求人和专利申请人共同为专利申请人继续进行审查。

（2）转让证书或者书面协议由共同申请人之一作出并且未经其他共同申请人同意的，不得作出上述指令。

（3）不得根据发明利益的转让证书或者转让协议作出上述指令，除非：

（a）上述证书或者协议中提及了专利申请号，且可以据此辨识该发明；

（b）签署转让证书或者转让协议者能够向管理局证明，该转让证书或者转让协议涉及该发明；

（c）请求人有关该发明的权利已经由法院判决最终确定；

（d）管理局为使专利申请继续进行或者根据本条第（5）款的规定调整方式以便继续进行而作出指令。

（4）共同申请人之一在授予专利权之前死亡的，管理局根据其他共同申请人的请求，并经死者法定代理人的同意，可以指令以其他共同申请人的名义继续进行审查。

（5）共同申请人就专利申请是否应当或应当以何种方式继续进行产生争议的，管理局根据任何一方当事人以规定方式向其提交的请求，并给予所有当事人听证机会后，可以根据案情需要作出其认为适合使申请以一个或更多申请人名义继续进行的指令，或者作出规范其方式以继续进行审查的指令，或者作出能实现上述两个目的的指令。

**第 21 条**　专利申请等待授权的时间

（1）除非在规定的期限内，自对专利申请或者完整说明书或者其他有关文件的第一次审查意见通知书由管理局寄交申请人之日起，申请人已经满足本法对其提出的有关完整说明书或者与专利申请有关的其他文件的所有要求。否则专利申请应当被认为已经放弃。

说明：专利申请或任何说明书，或者在公约申请或者指定国为印度的《专利合作条约》申请中作为申请一部分提交的任何文件，已经由管理局在审查期间退回申请人的，申请人不得被认为已经满足该要求，除非申请人重新提交或者申请人向管理局证明因为其无法控制的原因导致上述文件未能重新提交。

（2）如果根据本条第（1）款规定的期限届满时：

（a）关于主发明的专利申请在高等法院的申诉案件未决；

（b）有增补专利申请的，关于该增补申请或者主发明的专利申请在高等法院的申诉案件未决，申请人在本条第（1）款规定的期限届满前提出请求的，满足管理局要求的期限应当延长至高等法院决定的期限。

（3）本条第（2）款所述可以提出申诉的期限尚未届满的，管理局可以按照本条第（1）款的规定将该期限延长，该延长的期限由管理局决定。但是，如果在延长的期限内提出申诉，并且高等法院已经准予延长该期限以满足管理局的要求，则该要求可以在该法院批准的期限内满足。

**第 22—24 条**　已删除

# 第四章 A　独占市场权〔已删除〕

# 第五章　对授予专利权的异议程序

**第 25 条**　专利异议

（1）在公布专利申请后、授予专利权前，任何人均可以基于下列理由以书面形式向管理局提出异议，反对授予专利：

（a）专利申请人或者其在先权利人不正当地从异议人或者其在先权利人处获得发明或者其中任何部分；

（b）完整说明书的任一权利要求所要求保护的发明已经在该权利要求的优先权日之前在下列文件中公开：

（i）1912 年 1 月 1 日当天或之后在印度申请专利时提交的任何说明书；

（ii）印度或者其他地方的任何其他文件。

但是，根据本法第 29 条第（2）款或第（3）款的规定，该公开不构成对该发明的披露的，本条款（ii）所述依据不得采用；

（c）完整说明书的任一权利要求所要求保护的发明，已记载在本申请的申请人要求的优先权日当天或之后公开的印度专利申请文件完整说明书的权利要求中，并且其优先权日早于申请人的权利要求的优先权日；

（d）完整说明书的权利要求所要求保护的发明在该权利要求的优先权日之前已经在印度公知或公用；

说明：为本款之目的，如果根据该方法获得的产品在该权利要求的优先权日之前已经进口到印度，则要求专利保护的方法发明应当被认为在该权利要求的优先权日之前已经在印度公知或者公用，但是进口产品仅用于合理试用或者实验目的的除外；

（e）相对于本款（b）项所述的已经公开的现有技术或者相对于在申请人权利要求的优先权日之前已经在印度使用的现有技术而言，完整说明书的任一权利要求所要求保护的发明是显而易见的，并且明显不包括任何创造性步骤；

（f）完整说明书的任一权利要求所要求保护的主题不是本法意义上的发明，或者根据本法的规定不具有可专利性；

（g）完整说明书未充分、清楚地说明发明内容或者其实施方法；

（h）申请人未向管理局披露本法第 8 条规定的信息，或者提供了虚假信息，尤其是与申请人所知的完全相反的信息；

（i）专利申请为公约申请的，该申请未在自申请人或者在先权利人在公约国家提出的保护该发明的首次申请的提交日起 12 个月内在印度提出；

（j）完整说明书未披露或者错误披露用于发明的生物材料的来源或产地；

（k）完整说明书的任一权利要求所要求保护的发明已经被在印度或者其他地方的任何当地或者本土社区内可以获得的、口头的或者其他形式的知识所披露。

除上述理由外，不得以其他理由提出异议，并且如果该异议人请求听证，则管理局应当组织听证并按照规定的方式在规定的期限内处理。

（2）在授予专利权后，自授权公告日起一年期限届满前，任何利害关系人可以基于下列理由按照规定的方式向管理局提出异议，即：

（a）该发明或者其中任何部分是专利权人或其在先权利人不正当地获取自异议人或其在先权利人；

（b）完整说明书的任一权利要求所要求保护的发明已经在该权利要求的优先权日之前在下列文件中公开：

（i）1912 年 1 月 1 日或者之后在印度申请专利时提交的任何说明书；

（ii）印度或者其他地方的任何其他文件，但是，根据本法第 29 条第（2）款或者第（3）款的规定，该公开不构成对该发明的披露的，本款项第（ii）所述依据不得采用；

（c）完整说明书的任一权利要求所要求保护的发明，已经被印度其他专利申请的权利要求所保护，该印度其他专利申请的完整说明书是在申请人的权利要求的优先权日或者之后公开的，并且其优先权日早于申请人的权利要求的优先权日；

（d）完整说明书的权利要求所要求保护的发明在该权利要求的优先权日之前已经在印度公知或者公用；

说明：为本款之目的，如果根据该方法获得的产品在该权利要求的优先权日之前已经进口到印度，则要求专利保护的方法发明应当被认为在该权利要求的优先权日之前已经在印度公知或者公用，但是该进口产品行为仅用于合理的试用或者实验目的的除外；

（e）相对于本款第（b）项所述的已经公开的现有技术或者相对于在申请人权利要求的优先权日之前已经在印度使用的现有技术而言，完整说明书的任一权利要求所要求保护的发明是显而易见的，并且明显不包括任何创造性步骤；

（f）完整说明书的任一权利要求所要求保护的主题不是本法意义上的发明，或者根据本法的规定不具有可专利性；

（g）完整说明书未充分、清楚地说明发明内容或者其实施方法；

（h）专利权人未向管理局披露本法第 8 条规定的信息，或者提供了虚假信息，尤其是与申请人所知的完全相反的信息；

（i）专利申请为公约申请的，该专利申请未在自申请人或者在先权利人在公约国家或者印度提出的保护该发明的首次申请的提交日起 12 个月内提出；

（j）完整说明书未披露或者错误披露用于该发明的生物材料的来源或者产地；

（k）完整说明书的任何权利要求所要求保护的发明已经被在印度或者其他地方的任何当地或者本土社区内可以获得的、口头的或者其他形式的知识所披露。

除上述理由外，不得以其他理由提出异议。

（3）（a）根据本条第（2）款的规定适当地提出异议请求的，管理局应当通知专利权人。

（b）收到上述异议请求后，管理局应当签署书面命令，由其指定的官员组成异议委员会，并将该异议请求连同附件送交该委员会审查，由异议委员会向管理局提交审查建议书。

（c）根据本款第（b）项组成的异议委员会应当按照规定的程序进行审查。

（4）收到异议委员会的审查建议并给予专利权人和异议人听证的机会后，管理局应当作出维持、修改或者撤销专利的命令。

（5）当根据本条第（4）款的规定通过基于本条第（2）款第（d）项或者第（e）项所述理由的命令时，管理局不得考虑任何私人文件、秘密审理或者秘密使用。

（6）管理局根据本条第（4）款的规定发布命令，应当在对说明书或者其他任何文件进行修改的基础上维持专利有效的，该专利应当进行相应修改。

**第 26 条**　在发明权属异议程序中管理局可以将异议人视为专利权人进行处理

（1）在本法规定的任何异议程序中，管理局认为：

（a）完整说明书中任一权利要求所要求保护的发明属于不正当地从异议人处获取，并据此撤销该专利的，可以根据异议人依法提出的请求，指令将专利权人变更为该异议人，维持专利权有效；

（b）完整说明书中公开的发明的部分内容属于不正当地从异议人处获取的，可以发布命令，要求专利权人通过删除发明中的该部分内容的方式修改说明书。

（2）按照本条第（1）款第（b）项的规定，在管理局作出要求修改完整说明书的命令之日前，异议人已经就包含其主张获取自其的全部发明或者部分发明提出专利申请，并且该申请正在审批的，为本法有关完整说明书的权利要求的优先权日的规定的目的，管理局可以认为异议人主张获取自其的发明的申请和说明书在相应文件中已经或者被认为已经由专利权人在在先申请中的提交之日提交。但是为其他目的的，异议人的申请应当作为本法规定的专利申请继续处理。

**第 27 条**　驳回无异议的专利申请［已删除］

**第 28 条**　注明专利的发明人

（1）如果管理局基于根据本条规定的方式提出的请求或主张认为：

（a）请求人是有关已提交专利申请发明的发明人或是该发明实质性部分的发明人；并且

（b）专利申请是请求人作为发明人的直接结果，管理局应当依照本条的规定在完整说明书和专利登记簿中注明该请求人为授予专利权的发明人。但是，根据本条规定注明任何人为发明人的，不应影响专利权。

（2）任何人按照前述规定应当被注明为发明人的（下称该人），应当由专利申请人按照规定方式提出请求。该人主张专利申请人或其中之一不是发明人的，由申请人和该人提出。

（3）如果任何人［已经根据本条第（2）款的规定提交有关请求涉及的人除外］要求按照上述规定被注明为发明人，其可以因此以规定的方式提出主张。

（4）根据本条上述规定提出的请求或要求应当在专利授权之前提出。

（5）已删除。

（6）根据本条第（3）款提出请求的，管理局应当将该请求通知每个申请人（不包括请求人）和其他利害关系人；并且在对根据本条第（2）款或第（3）款提出的请求或者要求作出决定之前，必要时应当听取提出该请求或要求的当事人的意见，在对根据本条第（3）款的规定提出的要求作出决定前，还应当听取前述被通知人的意见。

（7）在任何人根据本条规定已经被注明为发明人的情况下，对此有异议的其他任何人可以在任何时候向管理局申请为该人颁发其为发明人的证明书，管理局可以颁发这种证明书，必要时在此之前听取利害关系人的意见，之后应当对说明书和登记簿作相应修改。

# 第六章 公 开

**第 29 条** 由于在先出版物构成在先公开

（1）完整说明书中要求保护的发明不得仅因其已经在 1912 年 1 月 1 日以前提交的印度专利申请的说明书中公开而被认为已经在先公开。

（2）根据下述规定，完整说明书中要求保护的发明不得仅因其已经在说明书相关权利要求的优先权日之前公开而被认为已经在先公开，如果专利权人或专利申请人能够证明：

（a）公开的内容来自其或其在先权利人（申请人不是真实且原始发明人的），并且该公开未经其或其在先权利人同意；并且

（b）专利权人或专利申请人或他们的在先权利人，在专利申请日前或对于公约申请在公约国申请保护之日前知悉公开的，该申请或该公约申请已于其后及时提出。

但是，如果在权利要求的优先权日前，该发明已经由专利权人或专利申请人或他们的在先权利人或经他们同意的其他任何人在印度进行商业上的实施的，本款不得适用，用于合理试用目的的实施除外。

（3）专利申请的完整说明书是由真实且原始发明人或其权利继受人提交的，该说明书要求保护的发明不得仅因有关同样发明的与其权利相冲突的其他专利申请，或者仅因在该其他专利申请提交日之后，该发明未经其同意由该其他申请的申请人或因该其他申请的申请人公开而知悉该发明的其他任何人使用或公开，而被认为已经披露。

**第 30 条**　由于与政府的在先交流而被认为已经在先公开

完整说明书中要求保护的发明不得仅因为调查该发明或其优点，或者为调查之目的就该发明与政府或政府授权之任何人而进行的交流，或者与之相关的任何事项，而被认为已经在先公开。

**第 31 条**　由于公开展示等造成的在先公开

完整说明书中要求保护的发明不得仅因下列情形而被认为已经在先公开：

（a）该发明经真实且原始发明人或其权利继受人同意，在工业或其他展览会上展示或出于展示目的在展示地使用的，其中展览会为中央政府通过在政府公报上公告的本条规定延及的展览会；

（b）由于在任何前述的展览会上对该发明的展示或使用后对发明的描述而公开的；

（c）在前述展览会上展示或使用该发明之后以及在展览会期间，任何人未经真实且原始发明人或其权利继受人同意使用该发明的；

（d）真实且原始发明人将描述发明内容的论文在学术团体会议上发表或者经其同意在上述学术团体的刊物上发表。

但如果专利申请是由真实且原始发明人或者其权利继受人在展览会开幕后或论文发表或出版后 12 个月内提出的，则构成在先公开。

**第 32 条**　由于公开使用造成的在先公开

完整说明书要求保护的发明不得仅因在说明书的相关权利要求的优先权日之前一年内在印度由下列人员公开使用而被认为已经在先公开：

（a）专利权人或专利申请人或他们的权利继受人；

（b）经专利权人或专利申请人或他们的权利继受人同意的其他任何人。

如果该使用的目的仅为合理试用，并且考虑到发明的性质公开实施该发明具有合理的必要性，则构成在先公开。

**第 33 条**　由于提交临时说明书后的使用或出版而造成的在先公开

（1）就附有临时说明书或根据本法第 9 条第（3）款所述指令被视为临时说明书的专利申请提交完整说明书，尽管已有本法的任何规定，管理局也不得仅因临时说明书或前述视为临时说明书记载的发明，在提交该说明书后在印度使用或者在印度或其他地方出版，而驳回该专利申请，并且该专利也不得仅因此而被撤销或被宣告无效。

（2）公约申请附有完整说明书的，尽管已符合本法的任何规定，管理局也不得仅因在提出公约申请中披露的发明，在保护申请日之后已经在印度使用或者在印度或其他地方出版，而驳回该专利申请，并且该专利也不得仅因此而被撤销或被宣告无效。

**第 34 条**　仅有本法第 29 条、第 30 条、第 31 条以及第 32 条规定以外情形的，不构成在先公开

尽管已有本法的任何规定，管理局不得仅因根据本法第 29 条至第 32 条规定说明书要求保护的发明未构成在先公开的任何情形，而驳回专利申请，专利也不得仅因此而被撤销或被宣告无效。

# 第七章　某些发明的保密规定

**第 35 条**　有关为国防目的的发明的保密指令

（1）对于本法实施前后提出的专利申请，管理局认为要求保护的发明属于中央政府向其通报的有关为国防目的的发明类别的，或者该发明属于其他类别但是与国防目的非常相关的，可以指令禁止或者限制有关该发明的信息公布或者传播。

（2）管理局根据本条第（1）款的规定作出任何指令的，应当将该申请和指令通知中央政府，中央政府收到该通知后应当审查该发明的公开是否会损害印度国防利益，如果根据审查认为该发明的公开不会损害印度国防利益的，则将此通知管理局。管理局应当据此撤销该保密指令并通知申请人。

（3）在符合本条第（1）款规定的条件下，中央政府认为管理局未曾对涉及国防利益的发明作出保密指令的，可以在授权前的任何时候通知管理局，该发明视为中央政府通报的保密类别，适用本条第（1）款的规定，相应地管理局应当将其作出的指令通知中央政府。

**第 36 条**　对保密指令的定期审查

（1）中央政府应当每隔 6 个月，或者根据申请人提出的、管理局认为合理的请求，对已经根据本法第 35 条的规定作出保密指令的发明是否仍然涉及国防利益的问题重新进行审查，如果经重新审查中央政府认为发明的公开不再损害印度国防利益或者国外申请人提出涉及该发明的专利申请已经在国外公开的，则应当即时通知管理局撤销保密指令，管理局应当据此撤销此前由其作出的保密指令。

（2）根据本条第（1）款进行的重新审查的结果应当在规定的时间、以规定的方式通知申请人。

**第 37 条**　保密指令的法律效力

（1）只要本法第 35 条规定的有关专利申请的任何指令依然有效，则：

（a）管理局不得作出拒绝对该申请授权的命令；并且

（b）尽管已有本法的任何规定，都不得对管理局作出的有关专利申请的任何命令提起申诉。

但是，该专利申请可以依照指令继续处理直至授权阶段，但该申请及其说明书即使符合授予专利权的条件，也不得公布并且不得授予专利权。

（2）已经根据本法第 35 条的规定作出保密指令的专利申请，其完整说明书符合授予专利权的条件的：

（a）在该指令生效期间，如果该发明已经被政府或者其代表或者根据其命令进行使用，则该专利申请视为已经授权，对于这种使用应当适用本法第 100 条、第 101 条以及第 103 条的规定；并且

（b）如果中央政府认为专利申请人的利益已经因为该保密指令的持续生效受到损害，则中央政府可以向其支付相对于该发明的新颖性、实用性、发明目的以及其他任何情况而言合理的赔偿费。

（3）已经根据本法第 35 条的规定作出保密指令的专利申请被授予专利权的，无须缴纳在该指令生效期间有关任何期限的维持费。

**第 38 条** 保密指令的撤销和保密期限的延长

管理局撤销根据本法第 35 条作出的任何保密指令时，尽管有本法规定的有关专利申请的期限的任何规定，管理局可以根据情况适当延长本法要求做或批准做有关专利申请的任何事情的期限，无论该期限在此前是否已经届满。

**第 39 条** 印度居民未经在先许可不得向国外申请专利

（1）除根据以规定方式请求并且经管理局或者其代表颁发的书面许可证的授权外，在印度居住的任何人不得就发明在国外提出或者促使提出专利申请，除非：

（a）至少在国外提出专利申请 6 个月之前，就相同发明的专利申请已经在印度提出；并且

（b）在印度申请时没有根据本法第 35 条作出任何保密指令，或者所有保密指令都已经撤销。

（2）管理局应当在规定期限内处理上述申请。但是，如果该发明涉及国防利益或者原子能，则未经中央政府的在先同意，管理局不得对其

颁发许可证。

（3）该发明由居住在国外的人首先在国外提出申请保护的，不适用本条的规定。

**第 40 条**　违反本法第 35 条或者第 39 条的法律责任

在符合本法第 20 章规定的条件下，任何人违反有关管理局根据本法第 35 条作出的保密指令的，或者违法本法第 39 条的规定向国外提出或者促使向国外提出专利申请的，专利申请应当被认为已经放弃，已经授予专利权的，该专利权应当根据本法第 64 条的规定予以撤销。

**第 41 条**　管理局和中央政府所作命令的终局性

管理局和中央政府作出的所有有关保密的命令均为终局性的，不得以任何理由在任何法庭对其提起诉讼。

**第 42 条**　向政府公开信息受保护

本法任何规定均不得被认为禁止管理局为审查专利申请或者其说明书是否应当根据本章的规定作出保密指令或者撤销保密指令之目的，就该申请或者其说明书的信息向中央政府公开。

# 第八章　专利权的授予和专利权

**第 43 条**　专利权的授予

（1）专利申请符合授予专利权的条件，并且：

（a）该申请没有被管理局根据本法授予的权力予以驳回的；

（b）该申请未被发现不符合本法规定的缺陷的，应当尽快加盖专利局公章后将专利证书授予专利申请人或者共同申请人，授权日期应当在专利登记簿上登记。

（2）授予专利权的，管理局应当发布授权公告，并将专利申请、说明书以及其他相关文件向公众公开以供查询。

**第 44 条**　申请人死亡或者终止时专利权人的变更

根据本法决定授予专利权后，管理局确信在授予专利权之前专利权人已经死亡，或者作为专利权人的法人已经终止的，可以将专利权人变更为专利权应该授予之人的姓名或者名称，该专利应当具有效力，并且应视为始终具有相应的效力。

**第 45 条** 专利的日期

（1）除本法另有规定外，每一件专利都应当注明申请日。

（2）每一件专利的日期都应当记录在专利登记簿中。

（3）尽管已有本条的规定，不得对专利申请公布之前实施的侵权行为提起诉讼或者其他处理程序。

**第 46 条** 专利的形式、范围和法律效力

（1）每一件专利应当符合规定的形式，并且应当在全印度具有法律效力。

（2）一项发明只能授予一件专利。但是，前述规定不得作为任何人在诉讼或者其他处理程序中以对多项发明授予了一件专利为由对专利提出异议。

**第 47 条** 专利权应当受一定条件的限制

根据本法授予的专利权应当受下列限制：

（1）政府或者其代表可以仅为自身使用之目的而进口或者制造任何专利产品或者依照专利方法获得的产品。

（2）政府或者其代表可以仅为自身使用之目的而使用专利方法。

（3）任何人均可以仅为实验或研究包括传授小学生使用方法之目的而制造或使用任何专利产品或者依照专利方法获得的产品或者使用专利方法。

（4）对于任何药品专利，政府可以仅为自身使用，或者配给政府或者其代表运营的任何诊所、医院或者其他医疗机构，或者中央政府指定提供公共服务的并在政府公报上通告的其他任何诊所、医院或者其他医疗机构。

**第 48 条** 专利权人的权利

除本法另有规定外，并且在符合本法第 47 条规定条件的情形下，专利权人有下列权利：

（a）对于产品专利，阻止第三方未经其同意在印度制造、使用、许诺销售、销售该产品或者为上述目的进口该产品的独占权；

（b）对于方法专利，阻止第三方未经其同意在印度使用该方法或者

使用、许诺销售、销售依照该方法直接获得的产品或者为上述目的进口该产品的独占权。

**第 49 条**　在临时或偶然经过印度的外国船舶等中使用专利发明不属于侵权

（1）在外国登记的船舶或航空器，或者外国普通居民拥有的陆地交通工具仅为临时或偶然进入印度（包括印度的领海领水）的，下列情形不属于侵权行为：

（a）仅为在船上的实际需要而将专利发明用于船舶本身或其机器、装备、器械或其他附件上；

（b）根据情况将专利发明用于航空器或陆地交通工具，或者两者的附件的安装或操作上。

（2）本条规定不得适用于以下外国的普通居民拥有的船舶、航空器或者陆地交通工具；该国法律并未授予在印度有经常居所的人拥有的船舶、航空器，或者陆地交通工具在该国港口、领水或其他该国法院管辖的范围内使用专利发明的相应权利。

**第 50 条**　专利共有人的权利

（1）专利为两人或者多人共有的，除另有约定外，共有人对专利享有平等的、不可分割的权利。

（2）依照本条和第 51 条的规定，两人或者多人被登记为专利的受让人或者所有人的，除另有约定外，每个共有人或者其代理人为其自身利益均享有本法第 48 条规定的权利，无须向其他共有人说明理由。

（3）依照本条和第 51 条以及任何现行有效的协议，两人或者多人被登记为专利的受让人或者所有人的，未经其他共有人的同意，任一共有人不得向第三人颁发专利实施许可证，不得转让专利权中的份额。

（4）专利产品由专利共有人之一售出后，购买者或者其在后权利人有权以相同的方式处理该产品，这与该产品由唯一的专利权人售出相类似。

（5）依照本条的规定，适用于动产所有权和转让的法律规则一般也应当适用于专利的相关事项；并且本条第（1）款或者第（2）款的规定不应影响保管人或者死者的法定代理人的共有权利或者义务，或者他们的上述权利和义务。

（6）本条规定不应影响本法实施之前授予的专利中部分利益受让人的权利。

**第51条** 管理局对共有人作出指令的职权

（1）两人或者多人被登记为专利的受让人或者所有人的，管理局根据上述任一人以规定方式向其提交的申请，可以作出与该申请一致的、有关专利或者其中任何利益的出售或者出租、许可的指令，或者其认为合适的行使本法第50条规定的任何权利的指令。

（2）被登记为专利的受让人或者所有人中的任何人未能在上述申请人书面请求后14日内执行指令或者完成执行指令所必需的其他任何事项的，管理局可以根据上述申请人以规定方式向其提交的申请作出指令，授权任何人执行该指令或者以该不执行指令之人的名义完成该事项。

（3）在根据本条规定的申请作出任何指令之前，管理局应当给予机会：

（a）在根据本条第（1）款的规定提出申请的情况下，听取被登记为专利受让人或者所有人的其中一人或者多人意见；

（b）在根据本条第（2）款的规定提出申请的情况下，听取不执行指令之人的意见。

（4）根据本条规定作出指令的，不应影响保管人或者死者法定代理人的共有权利、义务或者他们的上述权利和义务，不应与登记为专利受让人或者所有人之间的任何协议的条款相冲突。

**第52条** 在他人通过欺诈获权的情况下，专利权应当被授予真实且原始的发明人

（1）根据本法第64条的规定，以该专利的获得属于不正当并且损害了请求人或者其在后权利人的权利而被撤销专利的，或者请求撤销而申诉委员会或者法院没有撤销，而是指令修改完整说明书将覆盖其认定属于请求人的发明的权利要求删除的，申诉委员会或者法院可以通过相同程序作出命令，对于其裁决属于专利权人不正当地获取请求人的发明或者通过修改删除的部分发明，允许将整个专利或者该部分专利授予请求人，以代替被撤销的专利。

（2）上述命令作出后：

（i）申诉委员会或者法院允许授予整个专利的，根据请求人以规定方式提交的请求，管理局应当授予请求人与被撤销专利具有相同申请日和申请号的新专利；

（ii）申诉委员会或者法院允许授予部分专利权的，根据请求人以规定方式提交的请求，管理局应当授予请求人与被撤销专利具有相同申请日和以规定方式确定申请号的新专利。

但是，对于符合授权条件的该部分发明，管理局可以要求请求人提交符合要求的新的完整说明书，描述该部分发明的内容并提出权利要求，作为授予专利权的一个条件。

（3）对于在专利实际授权日之前实施的、侵犯根据本条规定授予的专利的任何行为，不得提起诉讼。

**第53条　专利的期限**

（1）在符合本法规定的前提下，2002年专利法（修正案）实施后授予的专利的期限，以及在上述法案的实施前尚未届满且未丧失效力的专利的期限，根据本法的规定，应当为自专利申请提交日起20年。

说明：为本款之目的，对于根据《专利合作条约》提交的国际申请指定国为印度的，授予的专利期限应当为自符合《专利合作条约》规定的国际申请日起20年。

（2）任何维持费用未在规定期限内或规定的延长期限内缴纳的，尽管有本条或本法的任何规定，专利的法律效力应当在规定的缴纳该费用的期限届满日终止。

（3）已删除。

（4）尽管已有现行有效的其他任何法律的规定，专利权因未缴纳维持费用或者专利期限届满而终止的，该专利所要求保护的主题无权受到任何保护。


# 第九章　增补专利

**第54条　增补专利**

（1）依照本条的规定，如果就完整说明书中记载或者公开的发明（在本法中称为"主发明"）的改进或者修改进行专利申请，并且申请人同时对该主发明申请或已经申请专利或者是该主发明的专利权人的，如果申请人请求，管理局可以对该改进或者修改授予增补专利。

（2）依照本条的规定，作为一项发明的改进或者修改的发明是一项单独专利的主题，并且专利权人同时是主发明的专利权人的，如果专利权人请求，管理局可以命令撤销关于该改进或者修改的专利，授予专利权人增补专利，其申请日与被撤销专利的申请日相同。

（3）一项专利不应当被授予为增补专利，除非增补专利申请的申请日与关于主发明的专利申请的申请日相同或者晚于后者。

（4）在主发明被授予专利权之前，不得授予增补专利。

**第 55 条** 增补专利的期限

（1）增补专利的期限与主发明专利相同或者为主发明专利尚未届满的期限，并且在该期限内或者直到主发明专利提前终止并且不再存在时，增补专利应当仍然有效。

但是，如果主发明专利根据本法被撤销，法院或者管理局可以根据专利权人以规定方式提交的请求命令将增补专利变更为独立专利，其期限为主发明专利的剩余期限，据此该专利作为独立专利继续有效。

（2）专利权人无须缴纳关于增补专利的维持费，但是增补专利根据本条第（1）款的规定被变更为独立专利的，视为自始为独立专利，应当缴纳其后的维持费，以同样的日期起算。

**第 56 条** 增补专利的有效性

（1）当存在以下情况使得完整说明书要求保护的发明未包含任何创造性步骤时，增补专利不得仅因以下原因而被拒绝授予，或者被撤销或无效：

（a）相关完整说明书记载的主发明已经公开或者使用；

（b）记载在增补专利或其申请的完整说明书中的任何改进或修改已经公开或使用，并且增补专利的有效性不得仅因该发明应当为单独专利的主题而被质疑。

（2）为了排除合理怀疑并据此表明，在确定增补专利申请的完整说明书要求保护的发明是否具有新颖性时，也应当考虑主发明的完整说明书。

# 第十章　申请和说明书的修改

**第 57 条**　在审批程序中对申请和说明书或有关的任何文件的修改

（1）依照本法第 59 条的规定，根据专利申请人或者专利权人按照本条规定以规定方式提交的申请，管理局可以允许其对专利申请或者完整说明书或者有关的任何文件进行修改，但应当按照管理局认为的合适的方式进行。

但是，在专利侵权诉讼期间或者专利撤销程序终结之前，管理局不得根据本条的规定作出允许或者拒绝对专利申请或者完整说明书或者有关的任何文件进行修改的命令，无论该诉讼或者撤销程序是在修改申请提交之前或者之后提起的。

（2）在修改专利申请或者完整说明书或者有关的任何文件的申请中应当说明修改的性质，并充分说明申请修改的具体理由。

（3）对于授予专利权后，根据本条规定提交的修改专利申请或者完整说明书或者有关的任何文件的申请，以及修改的类型可以进行公布。

（4）修改申请根据本条第（3）款的规定予以公布的，利害关系人可以在公布后的规定期限内向管理局提出异议；在规定期限提出异议的，管理局应当通知本条规定的修改申请人，并在作出决定前给予该申请人和异议人以听证机会。

（5）根据本条对完整说明书的修改可以是或者可以包括对权利要求优先权日的修改。

（6）本条的规定不得损害专利申请人在授权之前按照管理局的指令修改其说明书或者其他任何相关文件的权利。

**第 58 条**　在申诉或者诉讼程序中对说明书的修改

（1）在撤销专利的申诉程序或者诉讼程序中，申诉委员会或者高等法院可以依照本法第 59 条的规定，允许专利权人以其认为合适的方式、在合适的期限内修改完整说明书，并且如果在上述程序中确定该专利无效，其可以允许专利权人根据本条修改说明书而非撤销该专利。

（2）根据本条规定请求申诉委员会或者高等法院作出修改命令的，申请人应当将该请求通知管理局，管理局有权出庭并陈述意见；如果申诉委员会或者高等法院指令管理局出庭的，则其应当出席。

（3）申诉委员会或者高等法院允许专利权人修改说明书的命令之副本应当由申诉委员会或者高等法院送达管理局，管理局收悉后应当在专利登记簿中登记。

**第 59 条** 关于申请或者说明书修改的补充规定

（1）除以放弃、修正或者解释的方式外，不得以其他方式修改专利申请或者完整说明书或者任何其他相关文件，并且除为增加实际事实之目的外，不得允许前述修改。再者，如果对完整说明书的修改会导致修改后的说明书超出修改前该说明书原始公开的范围，或者修改后说明书的权利要求没有整个落入修改前说明书的权利要求的范围，则该修改不被允许。

（2）在专利授权之后，经管理局或者申诉委员会或者高等法院允许对说明书或者任何其他相关文件进行修改的：

（a）为本法的所有目的，该修改应当被认为是说明书和其他相关文件的组成部分；

（b）说明书或者任何其他相关文件已经被修改的事实应当及时公布；

（c）对于申请人或者专利权人进行修改的权利，非因欺诈之理由不得提出异议。

（3）在解释被修改的说明书时，可以参考原始接受的说明书。

# 第十一章 失效专利的恢复

**第 60 条** 恢复失效专利的申请

（1）因未在本法第 53 条规定的期限内或者本法第 142 条第（4）款规定允许的期限内缴纳专利维持费的，专利权人或者其法定代理人或者经管理局同意的部分共同专利权人，可以在自失效之日起 18 个月内提出专利恢复申请。

（2）已删除。

（3）根据本条规定提出的恢复申请应当包含以规定方式证实的声明，充分说明未能缴纳规定费用的详情，管理局可以要求申请人提供其认为必要的进一步的证据。

**第61条** 恢复失效专利申请的处理程序

（1）申请人要求听证或者管理局认为应当听证的，经过听证后，如果管理局初步认定申请人未能缴纳维持费不是故意的，且其提出申请没有不适当的迟延，则管理局应当以规定的方式公布该申请；并且在规定的期限内任何利害关系人均可以基于下列理由向管理局提出异议：

（a）申请人故意不缴纳维持费；

（b）其恢复申请已经超过规定期限。

（2）异议人在规定期限内提出异议的，管理局应当通知申请人，并在作出决定前给予双方听证机会。

（3）如果在规定期限内没有人提出异议，或者管理局决定驳回异议，则在缴纳未缴纳的维持费和规定的附加费基础上，管理局应当恢复该专利及该恢复申请中指明的、在该专利失效后的增补专利。

（4）如果管理局认为合适，其可以要求将根据本法的规定应当登记在登记簿上但是没有登记的任何文件或者事项登记在登记簿上，以此作为恢复专利权的条件之一。

**第62条** 失效专利恢复后专利权人的权利

（1）失效专利恢复的，专利权人的权利应当符合本法的规定，以及管理局认为适当的其他规定，以保护或补偿在效力终止日至根据本章规定提交的专利恢复申请公布日期间，可能已经开始使用或通过合同或其他方式明确要使用该专利发明之人。

（2）对于效力终止日至专利恢复申请公布日期间实施的专利侵权行为，不得提起诉讼或者启动其他处理程序。

# 第十二章 专利权的放弃和无效

**第63条** 专利权的放弃

（1）专利权人任何时候均可以申请放弃其专利权，但应当以规定的方式通知管理局。

（2）专利权人申请放弃其专利权的，管理局应当以规定的方式公布该申请，并通知除专利权人之外的与该专利权有利害关系并且登记在专利登记簿上的每一个人。

（3）利害关系人可以在公布后的规定期限内向管理局提出异议，该异议应当通知专利权人。

（4）如果需要听证，在经过听取专利权人和异议人的意见后，管理局认为放弃该专利权是适当的，其可以接受该放弃提议并以命令的形式撤销该专利。

**第 64 条** 专利权的无效

（1）依照本法的规定，基于下列任一理由，利害关系人或者中央政府向申诉委员会提出无效请求，或者被告在专利侵权诉讼中反诉专利权无效的，申诉委员会或者高等法院可以撤销本法实施前后授予的专利权：

（a）完整说明书要求保护的发明落入了在印度授予的、具有在先优先权日的另一专利权利要求的保护范围；

（b）根据本法的规定，专利权人无权在印度申请专利，因此专利权应当被撤销；

（c）专利权人不正当地获得专利，损害了请求人或者其在先权利人的权益；

（d）完整说明书的任一权利要求所保护的主题不属于本法意义上的发明；

（e）完整说明书的任一权利要求所保护的发明不具备新颖性，即已经在该权利要求的优先权日前在印度公知或者公开使用，或者已经在印度或者其他任何地方的、本法第 13 条规定的文献中公开；

（f）相对于优先权日前已经在印度公知或者公开使用，或者在印度或者其他任何地方出版的现有技术而言，完整说明书的任何一项权利要求所保护的发明是显而易见的或者不包含任何创造性步骤；

（g）完整说明书的任一权利要求所保护的发明不具备实用性；

（h）完整说明书没有充分地、适当地描述发明和其实施方法，换言之，完整说明书中对方法的描述或者实施发明的说明，不足以使本领域的普通技术人员能够实施该发明，或者完整说明书没有披露据专利申请人所知是最佳的，并且其有权要求保护的实施方法；

（i）完整说明书的任一权利要求的范围没有被充分并清楚的限定，或者没有恰当地以说明书公开的内容为依据；

（j）专利权的获得是基于错误的建议或者陈述；

（k）完整说明书的任一权利要求的主题根据本法的规定不属于可取得专利的发明；

（l）完整说明书的任何一项权利要求所保护的发明已经在优先权日前在印度秘密使用，但是本条第（3）款规定情形除外；

（m）专利申请人没有向管理局披露本法第8条要求的信息，或提供了虚假的信息，尤其是与申请人所知完全相反的信息。

（n）专利申请人违反根据本法第35条的规定作出的保密指令或者违反本法第39条的规定向国外申请或者促使向国外申请专利；

（o）根据本法第57条或者第58条的规定修改完整说明书的许可是通过欺诈获得的；

（p）完整说明书没有披露或者错误披露用于发明的生物材料的来源或者产地；

（q）完整说明书的任何一项权利要求所保护的发明，已经被印度或者其他地方的任何当地或者本社区以口头或者其他可获得的形式披露。

（2）为本条第（1）款第（e）项和第（f）项之目的：

（a）不得考虑私人文件或者秘密试验或者秘密使用；

（b）当专利涉及一种方法，或者一种通过所描述或申请专利的方法制造的产品时，则以该种方法制造的产品从国外进口到印度应在进口之日便构成在印度公开或实施该项发明，除该项产品的进口只是为了合理试用或实验外。

（3）为本条第（1）款第（l）项之目的，不得考虑下列情形下对该发明的使用：

（a）仅为合理试用或者实验之目的而使用；

（b）由于专利申请人或者其在后权利人直接或者间接向政府、政府授权的代表或者政府实体提交或者披露该发明，而由政府或者政府授权的代表或者政府实体使用；

（c）由于专利申请人或者其在后权利人向其他任何人提交或者披露该发明，该人未经专利申请人或者其在后权利人同意或者默许进行的使用。

（4）在不违反本条第（1）款规定的情形下，高等法院认为专利权人无正当理由未能按照中央政府的要求为本法第99条意义上的目的在合理期限内制造、使用或者实施专利发明的，可以根据中央政府的请求撤销该专利。

（5）根据本条规定提出的撤销专利权请求应当正式通知登记簿上登记的所有专利权人或者利害关系人，但是无须正式通知其他任何人。

**第 65 条** 根据政府指令撤销关于原子能发明专利或者修改其完整说明书

（1）授予专利权后，中央政府认为一项专利发明与原子能有关并且根据1962年《原子能法》第20条第（1）款的规定不得授予专利权的，可以指令管理局撤销该专利，因此在通知专利权人和登记于登记簿上的其他利害关系人并给予其听证机会后，管理局可以撤销该专利。

（2）在本条第（1）款规定的任何程序中，管理局可以允许专利权人以其认为必要的方式修改完整说明书，而不是撤销该专利。

**第 66 条** 为公共利益而撤销专利权

中央政府认为一项专利权或者专利的实施方式对国家有害或者总体上对公众有害的，在给予专利权人听证机会后，可以在政府公报上对此进行宣告，该专利权应当因此被视为撤销。

# 第十三章　专利登记

**第 67 条** 专利登记簿及其登记事项

（1）专利局应当设置专利登记簿，其中登记下列事项：

（a）专利权人的名称及其地址；

（b）专利权的转让、许可、修改、延期以及撤销的公告；

（c）法定的影响专利权有效性或权属的其他事项。

（2）任何明确的、暗指的或指定的信托的通知不得登记在登记簿中，并且管理局不应当受此种公告的影响。

（3）按照中央政府的监督和指令，登记簿应当由管理局控制和管理。

（4）尽管已有本条第（1）款的规定，管理局采取规定的安全措施，将专利登记簿或者其任何部分保存于计算机软盘、磁盘或者其他任何电子形式的载体上，都是合法的。

（5）尽管已有1872年《印度证据法》的规定，经管理局正式授权或代表管理局的官员认证的专利登记簿副本或摘要，在所有法律诉讼中均应当作为证据予以采信。

（6）登记簿全部或者部分保存于计算机软盘、磁盘或者其他任何电子形式的载体中的：

（a）本法提及的记录于登记簿的事项，应当理解为包括记录于计算机软盘、磁盘或者其他任何电子形式载体等构成该登记簿或者其部分的事项；

（b）本法提及的登记或者记录在登记簿中，应当理解为将构成登记簿或者其部分的事项记录于计算机软盘、磁盘或者其他任何电子形式载体中；

（c）本法提及的更正登记簿，应当理解为对保存于计算机软盘、磁盘或者其他任何电子形式载体等构成登记簿或者其部分的事项进行更正。

**第68条**　非书面形式的并且未正式签署的转让等无效

专利权转让或者专利权份额转让、专利权中其他任何权益的产生、许可或者抵押应当视为无效，除非当事人之间的协议是书面的，并且包含调整双方权利和义务的所有条款和条件并正式签署。

**第69条**　转让、移转等的登记

（1）任何人通过转让、继承或者法律的实施获得专利权或其份额，或者作为抵押权人、被许可人等对专利权享有其他任何权利的，应当以规定的书面形式向管理局申请在登记簿中登记其权利或者有关其权益的通知。

（2）在不违反本条第（1）款的规定的情形下，任何人通过转让获得专利或者其份额，或者通过抵押、许可或者其他方式对专利权享有其他任何权利的，登记其权利的申请可以根据情况由转让人、抵押人、许可人或者其他当事人提出。

（3）根据本条的规定请求权利登记的人，有证据证明：

（a）对专利权或者其份额享有权利的，管理局应当将其作为专利权人或者共有人登记在登记簿中，并记录其获取权利的具体方式；

（b）对专利权中的其他任何权益享有权利的，管理局应当将其权益登记于专利登记簿中，包括权益产生的方式。

但是，无论转让、抵押、许可、继承、法律实施或者其他任何交易形式是否已经合法地将专利权或者其份额或者其权益归属于请求人，只要当事人之间仍存在任何争议，在有管辖权法院最终确定当事人的权利之前，管理局可以拒绝根据本条款第（a）项或者第（b）项进行登记。

（4）对于向专利局提交的所有协议、许可证以及其他影响专利权归属的文件或者以规定方式经过认证的任何许可证，以及规定的与该事项相关的其他文件，均应当以规定方式向管理局提交副本。

但是，在专利许可的情形下，如果专利权人或者被许可人请求，管理局应当采取措施确保许可条款除根据法院命令外未曾向任何人披露。

（5）除为本条第（1）款规定的申请或者登记簿更正申请之目的外，有关根据本条第（3）款规定不予登记的文件不得被管理局或者法院采信为任何人享有专利或者其份额或者其权益的证据，除非管理局或者法院根据书面记录的原因另行指令。

**第 70 条** 已登记的专利权受让人或者所有人处分专利的权利

在符合本法有关专利权共有的规定且不受制于已经登记的归属其他任何人的权利的情况下，被登记为专利权受让人或者所有人的一人或者多人应当有权转让、许可或者以其他方式处分该专利权，并有权对转让、许可或者其他方式处分获得的任何报酬出具有效的收据。但是，有关专利权的任何权益可以按照与任何其他动产相似的方式被执行。

**第71条**　申诉委员会对登记事项进行更正

（1）由于下列事由权利受到损害的任何人提出的申请，申诉委员会可以命令登记、变更或者删除其认为合适的任何事项：

（a）登记簿上缺少或者遗漏登记事项；

（b）所作出的任何登记事项没有充分理由；

（c）登记簿中存在任何错误的登记；

（d）登记簿中的任何登记事项存在任何错误或者缺陷。

（2）在本条规定的任何程序中，申诉委员会可以决定为有关登记簿更正决定所必需或者适当的任何问题。

（3）根据本条规定向申诉委员会提交的申请应当以规定方式通知管理局，管理局有权出席听证，如果申诉委员会指令其参加，则其应当参加。

（4）申诉委员会根据本条规定作出的更正登记簿的任何命令，应当指令将此命令以规定方式送达管理局，管理局应当据此对登记簿作相应的更正。

**第72条**　登记簿公开供查询

（1）依照本法及根据本法制定的任何规则的规定，登记簿应当在合适的时间公开供公众查询；任何人要求获得登记簿登记事项的核准副本的，在缴纳规定费用后，专利局应当给予其加盖专利局印章的该副本。

（2）登记簿应当作为有关登记于其中的、本法要求的事项或者根据本法的规定认可的事项的初步证据。

（3）登记事项的记录保存于计算机软盘、磁盘或者其他任何电子载体中，并且该电子载体对公众是公开的或者公众可以打印其查询的登记事项记录的，则本条第（1）款和第（2）款应当被认为已经得到遵守。

# 第十四章　专利局及其设立

**第73条**　管理局及其他官员

（1）根据1999年《商标法》（1958年第3号法案）第3条第（1）款的规定被任命的专利、外观设计和商标管理总局，应当是为本法之目的的专利管理局。

（2）为本法之目的，中央政府可以任命若干审查员和其他官员，以及其认为合适的此类任命。

（3）依照本法的规定，根据本条第（2）款规定被任命的官员应当在管理局的监督和指示下，履行管理局根据本法可以承担的并且通过普通或特殊的书面命令授权上述官员履行的职能。

（4）在不违背本条第（3）款规定的一般原则的情形下，管理局可以通过书面命令并说明理由后，撤回根据本条第（2）款规定任命的官员正在处理的任何事项，自己重新处理或者从撤回阶段起继续处理，或者根据移送命令中的指令，移送其任命的另一个官员重新处理或者从移送阶段起继续处理该事项。

**第 74 条**　专利局及其分支机构

（1）为本法之目的，国家应当设立专利局。

（2）中央政府可以通过在政府公报上详细说明专利局的名称。

（3）专利局的总部应当设在中央政府指定的地方，并且为了便于注册专利，可以在中央政府认为合适的其他地方设立专利局的分支机构。

（4）专利局应当具有公章。

**第 75 条**　对专利局雇员有关专利权权利或者利益的限制

除继承或者接受遗赠之外，专利局所有官员和雇员在其任职期间均没有资格直接或者间接获得或者占有该局授予的专利权的任何权利或者利益。

**第 76 条**　专利局官员和雇员不得提供情报等

除本法授权或者要求，或者根据中央政府、申诉委员会或者管理局书面指令或者法院命令之外，专利局官员和雇员不得：

（a）提供有关根据本法正在处理或者已经处理的事项的情报；

（b）准备或者协助准备根据本法要求或者允许在专利局存放的文件；

（c）在专利局记录中进行检索。

# 第十五章　管理局的主要职权

**第 77 条**　管理局具有民事法院的某些职权

（1）按照相关规则的规定，管理局在其参与的本法规定的任何程序中，在根据 1908 年《民事诉讼法典》（1908 年第 5 号法案）审理案件时，对下列事项享有民事法院的职权：

（a）传唤和强制任何人出庭，并且监督其宣誓；

（b）要求出示和制作任何文件；

（c）接收基于宣誓书的证据；

（d）授予他人审查证人或者文件的权力；

（e）决定给予损害赔偿；

（f）根据在规定期限内以规定方式提交的申请复审自身的决定；

（g）根据在规定期限内以规定方式提交的申请废除单方程序中作出的命令；

（h）规定的其他任何事项。

（2）管理局在行使本条第（1）款授予其的职权时，其作出的决定给予损害赔偿的任何命令，应当视为民事法院的判决加以执行。

**第 78 条　管理局改正笔误等的职权**

（1）在不违背本法第 57 条和第 59 条有关修改专利申请或者完整说明书或者其他相关专利文件的规定的情形下，按照本法第 44 条的规定，管理局可以依照本条的规定改正任何专利或者任何说明书或者其他专利文件中的笔误或者专利登记簿上任何登记事项的笔误。

（2）本条规定的改正可以根据任何利害关系人的书面请求并在其缴纳规定费用后进行，也可以依职权进行。

（3）管理局依职权建议做上述改正的，应当将改正建议通知专利权人或者专利申请人或者其认为相关的其他任何人，并应当在作出改正前给予他们听证的机会。

（4）根据本条规定请求改正专利或者专利申请或者其他专利申请文件中的笔误，并且管理局认为该改正会实质性地改变文件的含义或者范围，在没有预先通知利害关系人的情况下不应该做此改正的，应当要求公告该改正方式的性质并以规定方式公布。

（5）在上述公布后的规定期限内，任何利害关系人可以针对该改正请求向管理局提出异议。提出异议的，管理局应当通知请求人，并在作出决定前给予他们听证的机会。

**第79条** 举证方式及管理局在举证方式方面的职权

按照相关规则的规定，在本法规定的管理局参与的任何程序中，如果管理局没有作出相反的指令，证据应当以宣誓书的方式提交，但是管理局认为适当的，可以接受代替宣誓书的或者除此之外增加的口头证据，或者允许任何当事人对宣誓书的内容进行交叉询问。

**第80条** 管理局自由裁量权的行使

在不违背本法中要求管理局举行听证或者给予当事人听证机会的规定的情况下，管理局应当在行使依据本法授予其的自由裁量权作出不利于申请人的决定之前，给予专利申请人或者说明书修改申请人（如果申请人在规定的期限内提出申请）听证的机会。

但是，要求听证的当事人向管理局提出听证请求的，应当至少在有关程序指定的期限届满前10天内提出。

**第81条** 管理局对期限延长请求的处理

根据本法或者依照本法制定的规则的规定，管理局可以延长完成任何行为的期限的，本法没有任何规定要求管理局通知反对延长的当事人或者给予其听证机会，也没有授权对管理局准予延长的命令提起申诉。

# 第十六章 专利权的实施、强制许可及其撤销

**第82条** "专利产品"和"专利权人"的定义

本章中，除另有规定外：

（a）"专利产品"包括采用专利方法制得的任何产品；

（b）"专利权人"包括独占实施许可的被许可人。

**第83条** 适用于专利发明的一般原则

在不违背本法其他规定的情形下，在行使本章授予的职权过程中，应当考虑下列一般事项，即：

（a）专利权的授予是用以鼓励发明创造，并且保证在没有不合理延迟情况下，该发明在印度以商业规模合理且充分地实施；

（b）专利权的授予不仅仅是授予专利权人以进口专利产品的垄

断权；

（c）专利权的保护和执行应当有助于促进技术革新、技术转让和传播、生产者和技术知识使用者双方受益，并且在某种意义上能够有益于增进社会和经济福利、维持权利和义务的平衡；

（d）专利权的授予不得妨碍对公共健康和营养的保护，并且应当作为促进公共利益的工具，尤其是在对于印度的社会经济和技术发展至关重要的领域；

（e）专利权的授予不得以任何方式阻止中央政府采取措施保护公共健康；

（f）专利权人或者从专利权人处获得权利或者利益的人不得滥用专利权，并且专利权人或者从专利权人处获得权利或者利益的人不得采取手段，以不合理地限制技术贸易或者妨碍技术的国际转让；

（g）专利权的授予应当使公众以合理的、支付得起的价格从专利发明中受益。

**第 84 条**　强制许可

（1）在授予专利权 3 年后的任何时间，任何利害关系人都可以基于下列理由向管理局申请该专利实施的强制许可：

（a）公众有关专利发明的合理需求未能获得满足；

（b）公众不能以合理的、支付得起的价格获得专利发明；

（c）专利发明未在印度领域内实施。

（2）包括专利权被许可人在内的任何人均可以根据本条规定提出申请，并且任何人都不能因其作出的任何许可而导致，公众有关专利发明的合理需求没有得到满足，或者专利发明未在印度领域内实施，或者公众不能以合理价格获得专利发明，无论这种许可是何种形式。

（3）基于本条第（1）款的规定，提出的每一项申请均应当说明申请人利益的性质与其他特别事项，并提出申请所依据的事实。

（4）如果管理局认为公众有关该专利发明的合理需求没有得到满足，或者专利发明未在印度领域内实施，或者公众不能以合理价格获得专利发明的，则其可以授予其认为合适期限内的许可。

（5）管理局指令专利权人授予许可或者其他相关事项的，其可以行使本法第 88 条规定的职权。

（6）在审查根据本条提出的申请时，管理局应当考虑以下事项：

（i）发明创造的种类，自授予专利权之日起经过的时间以及专利权人或者被许可人为充分实施发明创造已经采取的措施；

（ii）申请人为公共利益实施发明创造的能力；

（iii）如果授予强制许可，申请人承担投资和实施发明创造风险的能力；

（iv）申请人是否以合理条款和条件为获得专利权人的许可作出了努力，但未能在合理的期限内获得许可。

但是，本项规定不适用于国家出现紧急状态或其他紧急事件的情形，或者公共非商业性使用或确定为专利权人进行反竞争行为的情形，但是不得要求考虑提出申请之后发生的因素。

说明：为本条款（iv）之目的，"合理期限"应当解释为通常不超过 6 个月的期限。

（7）为本章之目的，有下列情形的，应当认为公众的合理需求没有获得满足：

（a）由于专利权人拒绝以合理的条件授予一项或者多项许可，如果因此：

（i）损害了印度领域内现有的商业、产业或者其发展，或者任何新的商业或者产业的创建，或者在印度从事贸易或制造业的任何人或任何阶层的商业或产业；

（ii）没有充分满足或没有以合理的条件满足对专利产品的需求；

（iii）在印度领域内生产的专利产品的出口市场得不到供应或者发展；

（iv）损害了印度商业活动的创建或者发展。

（b）如果由于专利权人附加在专利许可上的条件或者附加在购买、租用或者使用专利产品或者方法上的条件，损害了不受专利权保护的物资的生产、使用或者销售，或者损害了印度商业或者产业的创建或者发展；

（c）如果专利权人在专利许可上附加独占性返授、禁止对专利有效性提出异议或者强迫性一揽子许可的条件；

（d）如果发明专利权没有在印度领域内以商业规模充分实施，或者没有达到合理实施所能实现的最大限度；

（e）如果在印度领域内以商业规模实施发明专利受到了下列人员从国外进口专利产品的禁止或者妨碍：

（i）专利权人或者其权利继受人；

（ii）直接或者间接从专利权人处购买的人；

（iii）专利权人没有起诉其侵权的其他任何人。

**第85条** 管理局因专利未实施而撤销专利

（1）授予专利强制许可的，自作出授予第一次强制许可的命令之日起2年后，中央政府或者任何利害关系人均可以该专利发明未在印度领域内实施、公众对于专利发明的合理需求没有得到满足或者公众不能以合理价格获得专利发明为由向管理局申请撤销该专利权。

（2）根据本条第（1）款规定提出的申请应当包含申请基于的事实、其他特别事项，还应当说明申请人利益的性质，但是中央政府申请撤销的除外。

（3）如果管理局认为，专利发明未在印度领域内实施、公众对于专利发明的合理需求没有得到满足或者公众不能以合理价格获得专利发明，其可以作出撤销专利的命令。

（4）根据本条第（1）款规定提出的申请，管理局通常应当在收到申请后1年内作出决定。

**第86条** 管理局在某些情形下中止强制许可申请等职权

（1）根据本法第84条、第85条的规定，以专利发明未在印度领域内实施或者本法第84条第（7）款第（d）项规定的事由为由提出申请，管理局认为自授予专利权之日起经过的时间对于以商业规模充分实施专利发明上不充裕的，其可以命令中止对强制许可申请进行进一步的听证，中止期限为管理局认为充分实施专利发明所需的充裕时间，但总计不超过12个月。

但是，专利权人能够证明，专利发明在申请日前未充分实施的原因在于，国家法律法规、规章或者政府命令对在印度领域内实施专利发明的条件，或者对于专利产品或通过专利方法或专利产品的使用获得的产品的处理附加了限制性条件，则根据本条命令中止的期限应当自阻碍实施专利发明的上述法律法规、规章或者政府命令效力终止之日起计算。

（2）除管理局认为专利权人已经迅速采取适当或者合理措施开始在印度领域内以商业规模充分实施专利发明外，不得命令中止强制许可申请。

**第 87 条** 处理根据第 84 条、第 85 条规定提出的申请的程序

（1）通过审查根据第 84 条或者第 85 条提出的申请，如果管理局认为可以基于初步证据作出命令的，应当指令申请人向专利权人或者专利登记簿上的其他任何利害关系人提供申请副本，并在政府公报上公布该申请。

（2）专利权人或者对申请有异议的其他任何人可以在规定期限内或者在管理局允许（在规定期限届满前或者届满后允许）的更长期限内，向管理局提交异议。

（3）上述任何异议均应当包括提出反对授予强制许可的理由的声明。

（4）对于任何按照规定提出的反对意见，管理局应当将此通知申请人，并在作出决定前给予申请人和异议人听证的机会。

**第 88 条** 管理局在授予强制许可中的职权

（1）对于根据本法第 84 条提出的申请，管理局认为，由于专利权人附加在专利实施许可证上或者专利产品或方法的购买、租用或使用上的条件的限制，损害了不受专利保护的物资的生产、使用或者销售的，其可以按照该条规定命令将该专利的强制许可授予申请人及管理局认为合适的申请人的客户。

（2）专利许可的被许可人根据本法第 84 条提出强制许可申请的，如果管理局命令授予其强制许可，则可以命令撤销现有许可，或者如果管理局认为合适，可以命令修改现有许可以替代授予其强制许可。

（3）同一专利权人享有两件或者多件专利，强制许可申请人有证据证明，有关上述部分专利的公众合理需求没有得到满足的，如果管理局认为不侵犯专利权人享有的其他专利权，申请人就不能有效地或者令人

满意地实施被强制许可的专利，并且如果与专利权人的前述其他专利相比，这些被强制许可的专利包含具有显著经济价值的重大技术进步，则管理局可以命令授予申请人有关前述其他专利的强制许可，以使被许可人能够实施根据第 84 条规定授予强制许可的专利。

（4）管理局确定了强制许可的条款和条件的，被许可人可以在以商业规模实施该专利发明至少 12 个月之后，基于下述理由，向管理局申请变更强制许可的条款和条件，即确定的强制许可条款和条件已经被证明，它们使被许可人承担的义务比最初预期的更重，被许可人只能赔本实施该发明。但是，上述变更申请只能提一次。

**第 89 条**　授予强制许可的一般目的

对于根据本法第 84 条提出的申请，管理局在行使职权时应当确保下列一般目的的实现，即：

（a）专利发明在印度领域内以商业规模充分实施，没有不适当的延迟；

（b）未不公平地损害正在印度领域内实施或者改进受专利保护的发明的任何人的利益。

**第 90 条**　强制许可的期限和条件

（1）在确定根据第 84 条授予的强制许可的条款和条件时，管理局应当尽力保证：

（i）考虑发明创造的类型和专利权人研发、获得专利权，维持专利权有效以及从事其他相关事项所需的费用（如有）后，专利权人或者其他有权从该专利权获得利益的人能够获得合理的使用费和其他报酬；

（ii）被许可人能够充分实施专利发明并获得合理的利润；

（iii）公众能够以合理的、支付得起的价格获得专利产品；

（iv）强制许可是非独占性的；

（v）被许可人实施专利发明的权利不得转让；

（vi）强制许可的期限为专利有效期的剩余期限，除非更短的期限有利于公共利益；

（vii）授予强制许可的主要目的是供应印度国内市场，如果符合第 84 条第（7）款第（a）项（iii）规定的需要，被许可人也可以将专利产品出口；

（viii）对于半导体技术，强制许可使用仅限于公共的非商业性使用；

（ix）为对经司法或者行政程序确定为反竞争行为造成的损害进行补救而授予的强制许可，如果需要，应当允许被许可人将专利产品出口。

（2）管理局不得授予这样的强制许可，即授权被许可人从国外进口专利产品或者采用专利方法获得的产品或者物质，而如果没有这种授权，这种进口构成对专利权人权利的侵犯。

（3）尽管有本条第（2）款的规定，中央政府如果认为为了公共利益强制许可是必要的，可以在任何时候指令管理局授权有关专利的任何被许可人从国外进口专利产品或采用专利方法获得的产品或物质［中央政府认为必要的，可以确定有关应向专利权人支付的使用费和其他报酬（如有）、进口数量、进口产品的销售价格、进口的期限以及其他事项的强制许可条件］，管理局应当据此实施上述指令。

**第 91 条** 关联专利的许可

（1）尽管已有本章的其他规定，在授予专利权后的任何时候，有权实施任何另一专利发明的专利权人或者被许可人（独占许可或其他许可），如果没有实施在先专利的许可则会阻碍或者延迟有效实施其他发明或者获得可能的最佳实施效果，则可以向管理局申请授予该许可。

（2）本条第（1）款规定的命令不得作出，除非管理局认为：

（i）如果专利权人及其被许可人要求，申请人能够并且愿意以合理的条件授予专利权人或其被许可人实施另一专利发明的许可；

（ii）另一专利发明已经对印度领域内的商业或者工业活动的建立或者发展作出实质性贡献。

（3）管理局认为申请人符合本条第（1）款规定的条件的，可以命令以其认为合适的条件授予申请人在先专利的许可，或者根据在先专利权人或者其被许可人的请求作出授予另一专利许可的类似命令。但是，管理局授予的许可不得转让，除非与相应专利一并转让。

（4）本法第 87 条、第 88 条、第 89 条以及第 90 条的规定应当适用于根据本条的规定授予许可的情形，正如适用于根据本法第 84 条授予的许可一样。

**第 92 条**　有关中央政府公告强制许可的特殊规定

（1）对于国家紧急状态时或者极端紧急情况下或者公共非商业性使用的有效专利，如果中央政府认为，在授予专利后的任何时候授予强制许可实施该发明是必要的，则其可以通过在政府公报上公告来进行宣布，对此，以下规定有效：

（i）根据公告后任何利害关系人任何时候提交的申请，管理局应当授予申请人在其认为合适的期限和条件下的该专利许可；

（ii）在根据本条的规定确定许可的期限和条件时，管理局应当尽力确保公众能够以最低价获得该专利产品，并且专利权人也能够因该专利获得合理的利润。

（2）本法第 83 条、第 87 条、第 88 条、第 89 条以及第 90 条的规定应当适用于根据本条的规定授予许可的情形，正如适用于根据本法第 84 条授予的许可一样。

（3）尽管有本条第（2）款的规定，管理局通过审查本条第（1）款（i）规定的申请后认为，为下列情形所需：

（i）国家紧急状态；

（ii）极端紧急事件；

（iii）公共非商业性使用。

包括与艾滋病、人类免疫缺陷病毒、肺结核、疟疾或者其他传染性疾病相关的公共健康危机，对于根据本条规定授予许可的，其不得适用本法第 87 条规定的任何程序。但是，管理局应当及时通知专利权人，有关专利不适用本法第 87 条的规定。

**第 92A 条**　某些特殊情形下用于出口专利药品的强制许可

（1）如果对某些解决公共健康问题的药物不具有制造能力或者制造能力不充分的国家已授予强制许可，或者该国已经通过公告或其他形式允许从印度进口该专利药品，则为制造和出口专利药品到该国以解决公共健康问题的，应当能够获得强制许可。

（2）管理局接到以规定方式提交的申请后，应当单独授予以其指定和公布的期限和条件制造和出口该药品到该国的强制许可。

（3）本条第（1）款和第（2）款的规定不影响根据强制许可制造的药品能够根据本法其他任何规定进行出口。

说明：为本条之目的，药品是指为解决公共健康问题所需的医药领域的任何专利产品或者通过专利方法制造的产品，并且应当包含为制造这些药品所需的成分和为使用这些药物所需的诊断器具。

**第 93 条** 视为有关当事人之间的约定执行许可命令

根据本章规定授予许可的任何命令应当这样执行，即将其视为由专利权人和所有其他当事人达成的包含任何由管理局确定的条款和条件的、授予许可的约定并执行。

**第 94 条** 强制许可的终止

（1）如果授予强制许可的情形不再存在并且不太可能再发生，管理局可以根据专利权人或者其他利害关系人的申请，终止根据本法第 84 条授予的强制许可。但是，强制许可的被许可人应当有权反对该终止决定。

（2）在审查本条第（1）款规定的申请时，管理局应当考虑到该终止决定不会不适当地损害已被授予许可之人的利益。

**第 95—98 条** 已删除

# 第十七章 为政府目的使用专利发明和中央政府取得专利发明

**第 99 条** 为政府目的使用专利发明的含义

（1）为本章之目的，如果为中央政府、州政府或者政府实体之目的而制造、使用、运用或者出售专利发明，即为本法所称的为政府目的之使用。

（2）已删除。

（3）本章规定不适用于有关根据本法第 47 条规定的一个或多个条件而进行的，任何机器、设备或其他物品的进口、制造或使用，或者任何方法的使用，或者任何药品的进口、使用或销售。

**第 100 条** 中央政府为政府目的使用专利发明的权力

（1）尽管已有本法的规定，在向专利局提出专利申请或者授予专利权之后，中央政府或者经其书面授权的任何人均可按照本章规定为政府目的使用该发明。

（2）在完整说明书的相关权利要求的优先权日前，一项发明已经由政府或者政府实体或者其代表适当记录在卷或者被测试或试验过的，但该发明是由专利权人或者其权利继受人直接或者间接公开的除外，中央政府或者经其书面授权的任何人为政府目的使用该发明的，可以不向专利权人支付专利使用费或者其他报酬。

（3）如果该发明未如前述那样被记录在卷或者被测试或试验，则中央政府或者经其书面授权的任何人在专利授权之后或者该发明如本条第（1）款那样公开之后使用该发明的，应当在使用之前或者之后由中央政府或者经其书面授权的任何人与专利权人根据本条第（1）款达成使用协议；没有协议的，可以由高等法院参照本法第 103 条的规定确定使用条件。

但是，按照上述方式对任何专利的任何使用，应当根据具体情况、考虑到使用该专利的经济价值，向专利权人支付适当的报酬。

（4）中央政府可以在专利授予之前或之后或者授权的行为发生之前或之后，根据本条规定授予许可，授权任何人制造、使用、实施或销售该发明或者进口受该专利保护的机器、设备或其他产品或药品，无论其是否已直接或者间接被专利申请人或者专利权人授权。

（5）由中央政府或者经其授权为政府目的使用一项发明的，除国家出现紧急状态或者其他极端紧急的情形或者公共非商业性使用外，政府应当将该事项尽快通知专利权人，并向其提供其合理要求知悉的有关发明使用程度、为政府企业目的使用该发明的地点等信息，中央政府可以为此目的要求从政府实体处获得上述信息。

（6）根据本条第（1）款为政府目的制造、使用、实施或者销售一项发明的权利，应当包括非商业性销售专利产品的权利，该产品的购买者或者其权利继受人应当有权处理该产品，如同中央政府或者其根据本条第（1）款的规定书面授权的人为该发明的专利权人。

（7）对于根据本条规定授权使用的专利，存在本法第 101 条第（3）

款所述独占被许可人的，或者专利权人是通过转让获得该专利并以使用费或者使用该发明的收益（包括以最少专利使用费的形式支付）作为对价的，根据本条第（5）款发出的通知也应当根据情况发送给该独占被许可人或者受让人，并且本条第（3）款有关专利权人的规定应当视为包括该受让人或者该独占被许可人的规定。

**第 101 条** 有关为政府目的使用发明的第三方的权利

（1）对于由下列主体为政府目的使用专利发明或者正在审查的专利申请的发明的：

（a）中央政府或者经其根据本法第 100 条的规定授权的任何人；

（b）执行中央政府命令的专利权人或者专利申请人；在专利权人或者专利申请人（或者其权利继受人）与中央政府之外的任何人达成的许可、转让协议中包含下列条款的，应当无效：

（i）限制或者控制为政府目的使用该发明或者与之有关的模型、文件或者信息的；

（ii）关于为政府目的使用该发明或者与之有关的模型、文件或者信息而支付费用，以及与为政府目的复制或公布任何模型或者文件，不得被认为构成对存在于模型或者文件中的任何版权的侵犯。

（2）专利权人是通过转让获得该专利或者申请专利的权利，并以使用费或者使用该发明的收益作为对价的，执行中央政府命令为政府目的使用该发明，适用本法第 100 条第（3）款的规定，就如该使用根据该条作出的授权的使用；并且根据本法第 100 条第（3）款的规定为政府目的的使用该发明的，应当有效，有关专利权人的规定视为包括专利受让人的规定，并且根据该款获得的使用费应当在专利权人和专利受让人之间分配，分配比例由双方协商确定，协商不成的，由高等法院根据本法第 103 条的规定确定适当的比例。

（3）根据本法第 100 条第（3）款的规定，中央政府或者经其授权之人为政府目的使用一项发明需要支付报酬的，并且该专利存在为政府目的使用专利的独占被许可人的，其数额应当由专利权人和该被许可人按照商定的比例分配；协商不成的，由高等法院根据本法第 103 条的规定，并考虑该被许可人在下列方面支出的费用后，确定适当的比例：

（a）改进上述发明所支出的费用；

（b）除使用费或者其他作为许可使用该发明的报酬外，向专利权人支付的费用。

**第 102 条**　中央政府征收发明和专利

（1）中央政府认为有必要为公共目的从专利申请人或者专利权人征收一项发明的，可以在政府公报上公布征收通知，该发明或者该专利及其相关权利应当按照本条规定转让并归属于中央政府。

（2）征收通知应当送交专利申请人，已经授予专利权的，应当送交专利权人以及其他对专利享有权利并登记在专利登记簿中的人。

（3）中央政府应当向专利申请人或者专利权人以及其他对专利享有权利并登记在专利登记簿中的人支付补偿金，数额由中央政府与专利权人协商确定；协商不成的，由高等法院参照本法第 103 条的规定，并考虑完成发明创造支出的费用，如果是专利的，则要考虑专利的期限、已经实施的时间和实施方式（包括专利权人或者其独占被许可人或者其他被许可人通过实施获得的利润）及其他相关因素，公平确定补偿金数额。

**第 103 条**　高等法院处理有关为政府目的使用发明产生的争议的依据

（1）有关中央政府或者其授权之人行使本法第 100 条规定职权产生的争议，或者有关为政府目的使用一项发明的条件的争议，或者有关按照本法第 100 条第（3）款获得报酬权利的争议，或者有关根据本法第 102 条征收发明或者专利而支付的补偿金数额的争议，可以由争议的任一方当事人按照高等法院规定的方式诉诸于高等法院。

（2）在本条规定的中央政府属于一方当事人的任何程序中：

（a）如果专利权人是程序的一方当事人，中央政府可以基于本法第 64 条关于撤销专利权的任何理由以反诉的方式请求撤销该专利权；

（b）无论专利权人是否为一方当事人，中央政府可以质疑专利权的有效性而不请求撤销专利权。

（3）如果在上述程序中产生一项发明是否已按照本法第 100 条的规定被记录在卷、测试或者试验过的问题，并且在中央政府看来，有关该发明的文件的公开或者其测试或者试验证据的公开会损害公共利益，则公开的事项应当秘密出示给其他当事人的辩护律师或者双方同意的中立专家。

（4）在根据本条规定对中央政府和任何人之间有关为政府目的使用发明的条件的争议作出决定时，高等法院应当注意到该人或者其权利继受人从为政府目的使用涉案发明中可能已经直接或者间接获得，或者可能有权直接或者间接获得的任何利益或者补偿。

（5）在本条规定的任何程序中，高等法院可以随时命令将整个案件或者任何问题或者其中的事实争议按照高等法院指示的条件提交给正式的裁判员、特派员或者仲裁人，并且应当对本条前述规定的高等法院适用的依据作相应的解释。

（6）专利发明是由中央政府或者州政府工作人员或者政府实体的雇员完成，并且经相关政府或者政府实体的主要负责人鉴定，该发明主题与政府工作人员或者政府实体的雇员履行正常职务的工作有关的，则尽管有本条的规定，有关该发明的本条第（1）款规定种类的争议应当由中央政府按照本条规定进行处理。但是在此之前，中央政府应当给予专利权人和其认为与该事项有利害关系的其他当事人听证机会。

# 第十八章　专利侵权诉讼

**第 104 条　管辖**

本法第 105 条规定的宣告不侵权诉讼、第 106 条规定的请求救济诉讼以及专利侵权诉讼，不得向具有上述诉讼的管辖权的地区法院的下级法院提起。但是，专利侵权诉讼的被告反诉专利无效的，侵权诉讼连同反诉应当一并移送高等法院管辖。

**第 104A 条　专利侵权诉讼中的举证责任**

（1）在侵犯主题是获得一种产品的方法的专利诉讼中，法院可以指令被告证明其使用的获得相同产品的方法不同于专利方法，如果：

（a）专利的主题是获得新产品的方法；

（b）相同产品是采用专利方法获得的可能性很大，并且专利权人或者其权利继受人通过合理努力依然不能确定实际使用的方法。

但是，专利权人或者其权利继受人应当首先证明，该侵权产品与采用专利方法直接获得的产品相同。

（2）在考虑一方当事人是否已经履行本条第（1）款规定的举证责任时，如果法院认为要求其公开任何制造秘密或者商业秘密是不合理的，则法院不应当要求其公开。

**第 105 条**　法院宣告不侵权的职权

（1）尽管有 1963 年《特殊救济法》（1963 年第 47 号法案）第 34 条的规定，有下列情形的，任何人均可对专利权人或者独占被许可人提起诉讼，要求宣告其使用的方法或者制造、使用或者销售的任何产品没有或者不会侵犯专利权，即使专利权人或者独占被许可人没有指控其侵权：

（a）原告已经书面请求专利权人或者独占被许可人出具不侵权确认书，并向他们提供了涉案方法或者产品的完整书面说明；

（b）专利权人或者独占被许可人拒绝或者疏于出具该不侵权确认书。

（2）根据本条规定提起的宣告不侵权诉讼，所有当事人的费用应当由原告负担，但是因法院认为合适的特殊原因而作出其他命令的除外。

（3）在根据本条规定提起的宣告不侵权诉讼中，不得质疑专利权利要求的有效性，因此法院作出不侵权宣告或者拒绝作出不侵权宣告不得被认为是意指专利有效或者无效。

（4）根据本条规定提起的宣告不侵权诉讼可以在授权公告后的任何时间提起，并且本条对专利权人的规定应当作相应的解释。

**第 106 条**　法院对无理由的侵权诉讼威胁给予救济的职权

（1）任何人（无论是否对专利或者专利申请享有权益）通过信函、广告或者通信，以口头或者书面形式通知他人，以提起专利侵权诉讼相威胁的，受到威胁的任何人均可提起诉讼寻求下列救济：

（a）宣告这种威胁是无理的；

（b）禁止继续进行这种威胁；

（c）如果存在因这种威胁造成损害的，可请求支付赔偿金。

（2）法院可以支持原告其所有或者任何的救济请求，除非诉讼中的被告证明，原告的涉案行为侵犯或将要侵犯其专利权，或者原告未证明其专利权是由无效的完整说明书权利要求的公布而产生的权利。

说明：仅告知他人该专利权的存在，不构成本条意义上的诉讼威胁。

**第 107 条** 专利侵权诉讼中的抗辩等

（1）在专利侵权诉讼中，本法第 64 条规定的撤销专利权的理由，可以作为抗辩的理由。

（2）在涉及制造、使用或进口机器、设备或其他产品或使用方法，或者进口、使用或者销售任何药物或药品的专利侵权诉讼中，所述制造、使用、进口或者销售符合本法第 47 条规定的任何一种或者多种情形的，应当作为抗辩理由。

**第 107A 条** 不视为侵权的行为

为本法之目的：

（a）根据印度或者其他国家现行有效的规范产品的制造、建造、使用、销售或进口的相关法律规定，对于为了制造、建造、使用、销售或者进口专利发明而使用、开发与该发明专利相关信息的行为，不视为专利侵权行为；

（b）他人根据法律授权进行生产和销售专利产品，任何人从该人处进口该专利产品的，不视为专利侵权行为。

**第 108 条** 专利侵权诉讼中的救济

（1）在专利侵权诉讼中，法院可以给予的救济包括禁令（按照法院认为合适的条款，如有）以及原告选择的损害赔偿或者返还利润。

（2）法院根据案情，也可以命令扣押、没收或者销毁侵权货物和主要用于生产侵权货物的原料和工具，而不给予任何补偿。

**第 109 条** 独占被许可人参与诉讼指控侵权的权利

（1）独占被许可人应当享有与专利权人相同的权利，可以对有关颁发专利使用许可证之后发生的专利侵权行为提起诉讼，并获得损害赔偿或者利润或者给予任何其他救济。在诉讼中，法院应当考虑独占被许可人遭受的或者可能遭受的损害，或者根据案情考虑侵权人通过侵权获得的利润，以确定赔偿的数额或者利润的数额。

（2）对于独占被许可人根据本条第（1）款提起的专利侵权诉讼，除专利权人已经作为原告参与诉讼外，专利权人应当作为被告加入诉讼，但是不得要求作为被告的专利权人缴纳任何诉讼费，除非作为被告的专利权人出庭并且参加诉讼。

**第 110 条** 第 84 条规定的被许可人提起侵权诉讼的权利

根据本法第 84 条获得专利使用许可的任何人应当有权要求专利权人提起诉讼以阻止专利侵权，并且如果专利权人自被要求之日起 2 个月内拒绝或者未起诉的，被许可人视为专利权人，有权以自己的名义起诉专利侵权行为，专利权人列为被告；但是不得要求作为被告的专利权人缴纳任何诉讼费，除非作为被告的专利权人出庭并且参加诉讼。

**第 111 条** 对法院因侵权而给予损害赔偿或者返还利润的职权的限制

（1）在专利权侵权诉讼中，被告证明其在侵权期间不知道也没有合理理由认为该专利权存在的，法院不得支持原告损害赔偿或者返还利润的主张。

说明：被告不得仅因为产品上使用了"专利""已获专利"或者标明或者暗示该产品已经获得专利权保护的任何文字或者措辞，而被认为其已经知道或者已经有合理理由认为该专利权存在，除非这些文字或者措辞附注有专利号。

（2）在专利侵权诉讼中，对于在规定期限内没有缴纳维持费之后、在该期限的延长期之前发生的侵犯专利权行为，法院认为合适的，可以拒绝给予损害赔偿或者返还利润。

（3）在说明书公布之后，按照本法规定被允许以放弃、改正或者解释的方式修改该说明书的，在专利侵权诉讼中，对于允许修改决定作出之日前使用发明的行为，法院不得给予损害赔偿或者返还利润，除非法院认为，该原始公布的说明书善意地以合理技能和知识撰写。

（4）本条规定不应当影响法院在专利侵权诉讼中颁发禁令的职权。

**第 112 条** 对法院在某些案件中颁发禁令职权的限制［已删除］

**第 113 条** 说明书有效性证明和与其相关的后续侵权诉讼的诉讼费

（1）在本法第 64 条和第 104 条规定的撤销专利权的申诉程序或者诉讼程序中，说明书权利要求的有效性被提出质疑并且申诉委员会或者高等法院认定有效的，申诉委员会或者高等法院可以证明该权利要求的有效性被提出过质疑并且被维持有效。

（2）授予上述有效性证明后，如果在法院提起的侵犯该权利要求的后续诉讼中或在其后与该权利要求有关的撤销专利权诉讼中，专利权人或依赖该权利要求有效性的其他人胜诉的，法院应当发布命令，责令对方向其支付上述案件的或其附带的、产生的全部合理成本、开销和费用，只要这些开支涉及有关被颁发证明书的权利要求，但审理该案的法院另行指令的除外。但是，如果法院认为质疑权利要求有效性的一方已经证明，其在提出质疑时不知道已经颁发证明书，并且在知道该证明书后立即撤销了该质疑的，则不得命令其支付本款规定的费用。

（3）本条规定不得被解释为授权法院或者申诉委员会对这样的申请进行审理，即专利侵权诉讼或者请求撤销专利权的诉讼中有关诉讼费承担比例的判决或者命令的申诉。

**第 114 条** 对侵犯部分有效的说明书专利权的救济

（1）如果在专利侵权诉讼中发现，说明书权利要求中主张被侵犯的权利要求有效，其他权利要求无效的，法院可以对被侵犯的权利要求给予救济。但是，除本条第（2）款规定的情形之外，法院不得给予禁令以外的救济。

（2）如果原告证明，无效权利要求是善意地以合理技能和知识撰写的，法院应当按照有关诉讼费、损害赔偿或利润计算的起始日的自由裁量对被侵犯的有效权利要求给予救济，并且在进行自由裁量时，法院可以考虑当事人将无效权利要求写入说明书或者保留在说明书中的行为。

**第 115 条** 专家顾问

（1）根据本法在法院进行的任何专利侵权诉讼或者程序中，法院可以随时指定独立的专家顾问，以辅助法院或者查明并报告事实问题或者观点问题（不包括法律解释问题），无论当事人是否为该目的提出申请。

（2）专家顾问的报酬应当由法院确定，并且应当包括报告制作费和专家顾问被要求出庭的合理日常费用。为此目的，该报酬应当根据法律规定由国会支付。

# 第十九章　向申诉委员会申诉

**第 116 条**　申诉委员会

（1）除本法另有规定外，根据 1999 年《商标法》第 83 条设立的申诉委员会应当是为本法之目的的申诉委员会，该委员会应当行使本法授予的管辖权、权力和职权。但是，为本法之目的的申诉委员会的技术委员应当具有本条第（2）款规定的资格。

（2）符合下列条件的人有资格被任命为为本法之目的的申诉委员会的技术委员：

（a）在本法规定的管理局任职至少 5 年，或者行使本法规定的管理局职能至少 5 年；

（b）已经担任注册专利代理人至少 10 年，并且获得依法设立的大学工程或者技术学位，或者自然科学领域的硕士学位或者同等学位；

（c）已删除。

**第 117 条**　申诉委员会的成员

（1）中央政府应当确定协助申诉委员会履行本法规定职能所必需的官员和其他雇员的种类和级别，并向申诉委员会提供其认为合适的上述官员和其他雇员。

（2）申诉委员会的官员和其他雇员的服务薪水和补贴应当按照规定支付。

（3）申诉委员会的官员和其他雇员应当在申诉委员会主任的总监督下以规定方式履行其职能。

**第 117A 条**　向申诉委员会提起申诉

（1）除本条第（2）款另有规定外，对于中央政府根据本法作出或颁布的任何决定、命令或指令，或者管理局为执行上述任何决定、命令或指令之目的而作出的任何行为或命令，不得提起申诉。

（2）对于管理局或者中央政府根据本法第 15 条至第 20 条、第 25

条第（4）款、第28条、第51条、第54条、第57条、第60条、第61条、第63条、第66条、第69条第（3）款、第78条、第84条第（1）款至第（5）款、第85条、第88条、第91条、第92条、第94条作出的决定、命令或指令，可以提起申诉。

（3）本条规定的申诉应当以规定形式提出，并且以规定方式举证说明，同时提交一份申诉所针对的决定、命令或指令的副本和缴纳规定的费用。

（4）申诉应当自管理局或者中央政府作出决定、命令或指令之日起3个月内，或者在申诉委员会根据其制定的规则允许的更长期限内提出。

**第117B条**　申诉委员会的程序和职权

申诉委员会根据本法履行职能，适用1999年《商标法》第84条第（2）款至第（6）款、第87条、第92条、第95条、第96条的规定。

**第117C条**　法院管辖权的例外等

法院或者其他机构不得享有或者被授权行使关于本法第117A条第（2）款或者第117D条规定事项的管辖权、权力和职权。

**第117D条**　向申诉委员会请求更正专利登记簿等的程序

（1）根据本法第64条的规定向申诉委员会提出的撤销专利请求和根据本法第71条的规定向申诉委员会提出的更正专利登记簿请求，应当以规定形式提出。

（2）申诉委员会根据本法作出有关某项专利的命令或者决定的，应当将经核准的副本送达管理局，管理局应当执行申诉委员会的命令，并且按照该命令变更或者更正专利登记簿中的登记事项。

**第117E条**　管理局参加某些法律程序

（1）对于下列诉讼，管理局应当有权出庭听证：

（a）申诉委员会审理的任何法律程序，在该程序中寻求的救济包括变更或者更正专利登记簿的，或者在该程序中提出了有关专利局业务的任何问题的；

（b）对管理局作出的有关专利申请的命令提起的任何申诉，而该命令：

（i）没有被提出异议，并且该专利申请被管理局驳回，或者经过修

改、更正或附以条件或限制后被其接受;

（ii）已经被提出异议，并且管理局认为其出庭是为维护公共利益所必需的。

另外，对于任何案件，申诉委员会指令管理局出庭的，管理局应当出庭。

（2）除申诉委员会另有指令外，管理局可以通过提交其签名的书面陈述，对有关争议事项或其决定的理由或管理局类似案件的处理，或者管理局认为必需的、有关争议的其他事项，进行其认为正确的详细说明来代替出庭，该书面陈述应当作为该程序中的证据。

**第117F条** 申诉案件中管理局承担的费用

在所有本法规定的申诉委员会进行的程序中，管理局的费用应当根据申诉委员会的指令承担，但是其不得被命令支付任何当事人的费用。

**第117G条** 未决案件移交申诉委员会

对管理局作出的命令或者决定不服提起申诉的所有案件，以及所有撤销专利权的案件，但不包括任何高等法院未决的在专利侵权诉讼中反诉撤销专利和更正登记簿中记录的案件，均应当自中央政府在政府公报上公布之日起移交申诉委员会，申诉委员会可以重新处理该案，也可以从移交时继续处理。

**第117H条** 申诉委员会制定规则的职权

申诉委员会可以制定符合本法的、关于本法规定的所有程序的行为和程序的规则。

# 第二十章 罚 则

**第118条** 违反有关某些发明的保密规定

任何人违反本法第35条规定的指令或者违反本法第39条提出或者促使提出专利申请的，应当被处以最长2年的监禁或被处以罚金，或者二者并罚。

**第119条** 在专利登记簿上作虚假登记等

任何人在本法规定的专利登记簿上作出或促使作出虚假登记，或者伪造专利登记条目，或者出示、提交或促使出示、提交明知是虚假的文件作为证据的，应当被处以最长 2 年的监禁或被处以罚金，或者二者并罚。

**第 120 条　未被授权而声称享有专利权**

任何人虚假声称，其销售的产品为受印度专利保护的产品或是印度专利申请的主题的，应当被处以最高 10 万卢比的罚金。

说明 1：为本条之目的，行为人的下列行为应当认为构成声称：

（a）产品为受印度专利保护的产品，如果该产品上铭刻、雕刻、加盖或以其他方式使用了"专利""已获专利的"，或者其他一些表明或暗示已经在印度获得产品专利权的字样；

（b）产品为印度专利申请的主题，如果该产品上铭刻、雕刻、加盖或以其他方式使用了"申请专利的""未决专利"，或者其他一些暗示该产品已经在印度提出专利申请的字样。

说明 2：使用"专利""已获专利的""申请专利的""未决专利"，或者表明或者暗示产品是专利产品或者该产品申请了专利的其他字样的，该产品应当被认为涉及印度专利或印度专利申请，除非同时有迹象表明已经在印度之外的国家获得专利权或已经提出申请。

**第 121 条　不正当使用"专利局"字样**

任何人在其营业场所或其签发的文件上或以其他方式使用"专利局"字样，或者其他会使人合理相信其营业场所为专利局或者与专利局有官方联系的字样的，应当被处以最长 6 个月的监禁或被处以罚金，或者二者并罚。

**第 122 条　拒绝或者未能提供信息**

（1）任何人拒绝或者未能：

（a）向中央政府提供根据本法第 100 条第（5）款的规定要求其提供的任何信息的；

（b）向管理局提供根据本法第 146 条的规定要求其提供的任何信息或声明的；

应当被处以最高 100 万卢比的罚金。

（2）被要求提供本条第（1）款规定信息的任何人，提供虚假信息或声明，并且其知道该信息或声明是虚假的，或者有理由相信为虚假的或其不相信是真实的，应当被处以最长 6 个月的监禁或被处以罚金，或者二者并罚。

**第 123 条　未经注册的专利代理人执业**

任何人初次违反本法第 129 条的规定的，应当被处以最高 10 万卢比的罚金；再次或者多次违反本法第 129 条的规定的，应当被处以最高 50 万卢比的罚金。

**第 124 条　公司违法**

（1）如果违反本法规定的行为人是公司，公司连同负责违法行为发生时的主管或负责公司业务的人员均应当被认为违法，都应当被起诉并且受到相应的处罚。但是，能够证明其对该违法行为的发生不知情或已经尽到了合理的注意义务以防止该违法行为的发生的人除外。

（2）尽管有本条第（1）款的规定，但是公司实施本法规定的违法行为，有证据证明该违法行为的实施经公司董事、经理、秘书或其他官员同意或默许的，或者该违法行为部分归因于公司董事、经理、秘书或其他官员的，该公司董事、经理、秘书或者其他官员也应当被认为违法，应当被起诉并且受到相应的处罚。

说明：为本条之目的：

（a）"公司"是指任何法人团体，包括合伙企业或者其他个人组织；

（b）"主管"，对于合伙企业而言，是指合伙企业的合伙人。

# 第二十一章　专利代理人

**第 125 条　专利代理人的注册**

（1）管理局应当设立专利代理人注册簿，登记本法第 126 条规定的所有取得资格的人的姓名、住址及其他规定的相关事项。

（2）尽管有本条第（1）款的规定，但管理局按照规定的安全措施将专利代理人注册簿保存在计算机软盘、磁盘或者其他电子形式的载体上，仍应当是合法的。

**第 126 条　作为专利代理人注册的资格**

（1）符合下列条件的人员应当有资格在专利代理人注册簿中予以登记：

（a）印度公民；

（b）年满 21 周岁；

（c）获得依法设立的印度大学颁发的科学、工程或技术学位，或者具有中央政府为此规定的其他同等资格，以及：

（i）已删除；

（ii）通过了为此目的规定的资格考试；

（iii）根据本法第 73 条规定从事审查员工作或履行管理局的职能或者两者至少 10 年，但在申请注册时已经辞去上述职位；

（d）缴纳规定的费用。

（2）尽管已有本条第（1）款的规定，但在 2005 年该修正案实施之前已经作为专利代理人注册的人员，应当有资格继续作为专利代理人，或者在被要求重新注册时，在缴纳了规定费用后重新注册为专利代理人。

**第 127 条** 专利代理人的权利

按照本法及根据本法制定的规则的规定，其姓名登记在册的每个专利代理人有资格：

（a）在管理局执业；

（b）准备所有文件、办理所有业务以及履行其他规定的、与在管理局面前根据本法进行的程序有关的职能。

**第 128 条** 专利代理人签署和修改某些文件

（1）根据本法向管理局提交的所有申请和信件可以由有关人员书面授权的专利代理人签名。

（2）已删除。

**第 129 条** 对专利代理人执业的限制

（1）任何人不得单独或伙同他人以专利代理人的名义执业、描述或声称为专利代理人，或者允许自己被这样描述或声称，除非他已注册为专利代理人或他与其合伙人均已注册为专利代理人。

（2）任何公司或者其他法人团体不得以专利代理人的名义执业、描述自己或自称为专利代理人，或者允许自己被这样描述或声称。

说明：为本条之目的，以专利代理人的名义执业包括下列行为：

（a）在印度或其他地方提出专利申请或获得专利；

（b）准备说明书或其他为本法之目的或其他国家专利法之目的的文件；

（c）提供关于专利权有效性或专利侵权行为的建议，但是提供科学性或技术性建议除外。

**第130条** 专利代理人注册的撤销和恢复

（1）在给予注册专利代理人听证的合理机会和进行管理局认为合适的进一步调查（若有）后，在以下情况下，管理局可以从专利代理人注册簿中将任何人的姓名予以撤销：

（i）该人的姓名是因为错误或者重要事实的误传、隐瞒而登记在专利代理人注册簿上的；

（ii）该人已经被证明有罪并且被判处一定期限的监禁或以专利代理人名义实施了不正当行为，管理局认为其不适合作为专利代理人登记在册的。

（2）管理局可以根据申请及已说明的充分理由，将从专利代理人登记簿中被撤销的任何人的姓名重新登记在专利代理人注册簿上。

**第131条** 管理局拒绝某些专利代理人代为专利事务的职权

（1）按照相关规定，管理局可以拒绝承认下列人员为有关本法规定事务的专利代理人：

（a）已经从专利代理人注册簿中除名并且没有重新注册的人；

（b）已被判决实施了本法第123条规定的犯罪行为的任何人；

（c）管理局认为其以雇主的名义或为雇主的利益在印度或其他地方代为申请专利的但未注册为专利代理人的任何人；

（d）由管理局可拒绝承认其为有关本法规定事务的专利代理人的任何人担任董事或经理或合伙人的任何公司或者合伙企业。

（2）管理局应当拒绝承认在印度没有住所或营业场所的任何人为有关本法规定事务的专利代理人。

**第132条** 关于经授权作为代理人代为本法规定事务的例外

本章规定不得被认为禁止：

（a）专利申请人起草说明书或在管理局从事本法规定的其他事务；

（b）不是专利代理人的律师代表正在代表本法规定的任何程序的一方当事人参加任何听证。

# 第二十二章　国际协议

**第 133 条　公约成员国**

与印度同为国际、区域或双边条约、公约或协议的签约国或成员的国家、国家团体、国家联盟或政府间组织，就专利权的授予和保护问题，向印度专利申请人或印度公民提供与其公民或其成员国公民相类似的特权的，应当属于为本法目的之一个或多个公约成员国。

**第 134 条　关于不提供互惠的国家的公告**

中央政府在政府公报上公布的、就专利权授予和保护的权利不给予印度国民与其本国国民相同的待遇的国家的国民，在印度无权单独或与其他任何人共同：

（a）申请授予专利权或者登记为专利权人；

（b）登记为专利权人的受让人；

（c）根据本法申请专利许可证或者持有专利许可证。

**第 135 条　公约申请**

（1）在不违背本法第 6 条规定的情况下，申请人在一个公约国家提出发明专利申请（下称基础申请），并且该申请人或其法定代理人或其受让人在基础申请提出后 12 个月内根据本法提出专利申请，完整说明书的权利要求基于基础申请公开的发明内容的，其优先权日为基础申请的申请日。

说明：就一项发明在两个或两个以上公约国家提出多个类似保护申请的，本款规定的 12 个月期限应当自首次申请提出之日起计算。

（2）对同类（或者其中一项发明是对另一项发明的改进）的两项或多项发明在一个或多个公约国家提出多个保护申请的，可以自首次保护申请的申请日起 12 个月内按照本法第 10 条的规定提出有关这些发明的一件公约申请。但是，提交上述申请应当缴纳的费用数额与对每一项发明分别提出申请一样，并且本法第 136 条第（1）款第（b）项规定的条件应当分别适用于对每一项发明提出的保护申请。

（3）根据《专利合作条约》提交的专利申请指定国为印度，并且要求在印度提交的在先专利申请的优先权的，应当适用本条第（1）款和第（2）款的规定，如同在先专利申请是基础申请。但是，只有对在印度提交的专利申请，才能根据本法第 11B 条的规定提出审查请求。

**第 136 条**　有关公约申请的特殊规定

（1）一份公约申请应当：

（a）提交完整说明书；

（b）载明所要求保护的申请的申请日和公约国（或者根据情况，提交首次申请的公约国）；

（c）声明在首次申请的申请日之前申请人或其在先权利人对该发明没有在公约国家提出过任何申请。

（2）对于在公约国家提出的申请发明的改进发明或增补发明，专利申请人有权根据本法第 6 条的规定另行单独提出专利申请的，与公约申请一起提交的符合本法第 10 条规定的完整说明书可以包括与该改进发明或增补发明有关的权利要求。

（3）根据本法第 17 条第（1）款的规定，公约申请应当于根据本法规定应提交该申请的最后期限届满前作出。

**第 137 条**　多项优先权

（1）在一个或多个公约国家提出两项或多项发明专利申请，并且这些发明构成一项总的发明的，本法第 135 条第（1）款规定的所有人或其中任一人可以在自首次申请申请日起的 12 个月内对基础申请的说明书记载的多项发明提出一件申请。

（2）完整说明书的权利要求基于基础申请披露的一项或者多项发明的，其优先权日是该发明首次披露的日期。

（3）为本法之目的，如果一项发明在基础申请或申请人为支持该申请而与之同时提交的其他文件中被要求保护或被披露（以撤回申请或承认为现有技术的方式除外），应当认为已经在公约国家的基础保护申请中被披露。但是，除这种文件的副本与公约申请一并或在提交后的规定期限内向管理局提交之外，不得考虑这种文件的披露。

**第 138 条** 关于公约申请的补充规定

（1）按照本章规定提交公约申请的，当管理局要求时，申请人除提交完整说明书外，还应当提交本法第 133 条规定的申请人向公约国专利局提交或存放的说明书或相应文件的副本。该副本应当以令管理局满意的方式并且在自管理局通知之日起的规定时间内提交。

（2）上述说明书或其他文件是外文的（非英文），应当根据管理局的要求提交其英文译本，但是该英文译本应当通过宣誓或其他令管理局满意的方式提交。

（3）为本法之目的，在公约国提交申请之日，即为管理局根据该国政府长官或者专利局局长出具证明书或其他方式证明的在该公约国提交申请的日期。

（4）根据《专利合作条约》提交指定国为印度的国际申请应当具有根据本法第 7 条、第 54 条和第 135 条提交申请的效力（视具体情况而定），国际申请中提交的发明创造名称、说明书、权利要求书、摘要以及附图应当视为为本法之目的的完整说明书。

（5）专利局作为指定局处理的专利申请及其完整说明书的提交日，应当是根据《专利合作条约》确定的国际提交日。

（6）指定印度或指定并选定印度的国际申请的申请人在国际检索单位或国际初步审查单位作出的修改，如果申请人要求的，应当被视为在专利局作出的修改。

**第 139 条** 本法适用于公约申请的其他规定

除本章另有规定外，本法应当适用于公约申请及根据该申请授予的专利权，正如适用于普通申请及根据该申请授予的专利权一样。

# 第二十三章 其他规定

**第 140 条** 无效的限制性条件

（1）在下列合同中：

（i）专利产品或采用专利方法获得的产品的销售或租赁合同，或者与之有关的其他合同；

（ii）制造或使用专利产品的许可合同；

（iii）实施受专利保护的任何方法的许可合同；

写入具有下列效果的条件是不合法的，并且该条件无效：

（a）要求购买者、承租人或被许可人从销售者、出租人或许可人或其代理人处获取非专利产品或非采用专利方法获得的产品，或者禁止或以任何方式不同程度限制其从任何人处获取这类产品的权利，或者禁止其从除销售者、出租人或许可人或其代理人之外的任何人处获取这类产品；

（b）禁止或以任何方式不同程度限制购买者、承租人或被许可人使用，不是由销售者、出租人或许可人或其代理人提供的非专利产品或非采用专利方法获得的产品；

（c）禁止或以任何方式不同程度限制购买者、承租人或被许可人使用非专利方法的任何方法；

（d）提供排他性返授、阻止对专利有效性提出质疑以及强制性一揽子许可。

（2）本条第（1）款第（a）项、第（b）项或第（c）项规定的条件不得仅因为包含该条件的协议是分别签订的这一事实而不再是属于该款规定范围的条件，无论有关销售、租赁或许可专利产品或方法的合同签订在前还是在后。

（3）在专利侵权诉讼中，证明侵权时存在有效的有关专利的合同，并且该合同包含本条规定的限制条件，应当属于抗辩理由。但是，如果原告不是合同的当事人，并且向法院证明其对该限制条件写入合同不知情或未取得其明示或者暗示的同意，则不得适用本款规定。

（4）本条规定不得：

（a）影响合同中禁止某人销售除某特定人员所提供货物之外的货物的条件的效力；

（b）使如果没有本条规定将无效的合同有效；

（c）影响租赁或许可使用专利产品的合同中，出租人或许可人保留给自己或其代理人的、提供需要在维修中改造或维护专利产品的新部件的权利的条件的效力。

（5）已删除。

**第 141 条** 特定合同的终止

（1）签订合同时保护产品或方法的专利失效的，尽管该合同或其他任何合同中有相反的规定，专利的购买者、承租人或被许可人可以在其后的任何时间终止销售或租赁专利产品的合同，或者许可制造、使用或实施专利产品或方法的合同，或者与这种销售、租赁或许可有关的合同，终止该合同应当提前 3 个月书面通知另一方当事人。

（2）本条规定不得损害本条之外的可履行合同的权利。

**第 142 条** 费用

（1）对于专利权的授予及其申请，以及本法规定与授予专利权有关的其他事项，应当缴纳费用，其数额由中央政府规定。

（2）对于请求管理局作出某一行为应当缴纳费用的，在该费用缴纳之前管理局不得作出该行为。

（3）对于向管理局提交文件应当缴纳费用的，该费用应当在提交该文件时一并缴纳或在规定期限内缴纳。逾期未缴纳费用的，该文件视为未提交。

（4）自申请日起 2 年后才授予主专利权的，已经到期的费用可以在自登记该专利之日起的 3 个月内或在自登记之日起不迟于 9 个月的延长期限内缴纳。

**第 143 条** 对说明书公布的限制

在符合本法第七章规定的前提下，专利申请及其说明书非经申请人同意，不得在本法第 11A 条第（1）款规定期限届满之前或在按照本法第 11A 条第（3）款或第 43 条的规定公开供公众查询之前，由管理局予以公布。

**第 144 条** 审查员报告的保密

审查员根据本法向管理局提交的报告不得公开供公众查询或由管理局公布；并且不得在任何法律程序中复制或查询该报告，除非法院认定复制和查询是为了司法之目的所需要的，进而应该允许。

**第 145 条** 官方公报的出版

管理局应当定期出版官方公报，公布本法或者依据本法制定的规则的规定要求公开的信息。

**第 146 条** 管理局要求专利权人提供信息的职权

（1）在专利有效期间，管理局可以通过书面通知要求专利权人或独占被许可人或其他被许可人，在自该通知之日起 2 个月内或管理局允许的更长期限内，提交该通知书指出的关于该专利发明在印度商业实施程度的信息或定期的声明。

（2）在不违背本条第（1）款规定的情况下，专利权人和被许可人（无论排他性许可还是其他许可）应当以规定方式和形式定期（至少 6 个月）提交关于该专利发明在印度商业实施程度的声明。

（3）管理局可以公布其收到的根据本条第（1）款或第（2）款的规定以规定方式提交的信息。

**第 147 条** 登记、文件等证据

（1）由本法或者依据本法制定的规则所授权的由管理局签署的任何条目事项或事物的证明书，应当是已经登记、登记内容、已完成或未完成事项的初步证据。

（2）登记簿登记事项或专利局保存文件或专利副本，或者上述登记或文件的摘录的副本，经管理局核实并加盖管理局公章的，应当作为所有法庭、诉讼程序中的证据，无须出示原件或者其他证据。

（3）除法院因为特殊原因作出命令之外，在管理局或管理局其他官员不是当事人的任何法律程序中，不得强迫管理局或管理局其他官员复制其保管的登记簿或其他任何文件，如果其内容可以通过出示根据本法颁发的经核准的副本证明，或者作为证人出庭证明其中内容。

**第 148 条** 由于未成年、心智丧失等的宣告

（1）任何人因未成年、心智丧失或其他不利条件不能作出或完成本法要求或允许的声明或事项的，其法定监护人、保护人或管理人（如有）可以根据情况以无行为能力人的名义为其利益作出这种陈述或与之相应的陈述和完成上述事项。如果没有上述人员，则由具有管辖权的法院指定的任何人实施。

（2）根据为无行为能力人利益的行为人或与该声明的作出或该事项的完成有利害关系的其他人的请求，法院可以为本条之目的指定代理人。

**第 149 条　通过邮寄进行的通知等的送达**

根据本法规定要求或授权作出的任何通知，以及由此作出或提交的任何申请或其他文件，可以通过邮寄发出、作出或提交。

**第 150 条　程序费用担保**

根据本法提出异议或向管理局申请授予专利实施许可的人，若其在印度没有住所，也没有从事工商业，管理局可以要求其提供程序费用担保。未提供担保的，可以视为其放弃异议或申请。

**第 151 条　向管理局送达法院命令**

（1）高等法院或者申诉委员会关于撤销请求的命令，包括出具权利要求有效证明书的命令，应当由该法院或者该委员会向管理局送达，管理局应当在专利登记簿中进行登记和注明。

（2）在专利侵权诉讼或根据本法第 106 条的诉讼中，权利要求的有效性受到质疑并且该权利要求被法院判决有效或无效的，法院应当向管理局送达判决书副本和命令，管理局收到后应当以规定方式在补充记录中登记有关该诉讼的事项。

（3）本条第（1）款和第（2）款的规定还应当适用于对这两款规定的申诉委员会或法院判决不服提起的上诉进行审理的法院。

**第 152 条　说明书等副本的传播及其查询〔已删除〕**

**第 153 条　专利信息**

缴纳规定费用并以规定方式请求管理局提供有关专利或专利申请的信息的人，应当有权获得上述信息。

**第 154 条　专利证书的遗失或损毁**

专利证书遗失或损毁，或者因令管理局满意的理由无法出示的，在根据规定方式提交申请并缴纳规定费用后，管理局可以制作副本，并加盖公章后交付该申请人。

**第 155 条　向议会提交的管理局报告**

中央政府应当每年一次向议会两院提交关于管理局执行本法的

报告。

**第 156 条　专利对政府的约束力**

除本法另有规定外，本法对政府和其他任何人的约束力相同。

**第 157 条　政府销售或使用罚没物品的权力**

本法不得影响政府，或直接或间接从政府获得权利的任何人，销售或使用根据现行法律罚没的任何物品的权力。

**第 157A 条　印度国家安全的保护**

尽管有本法的规定，中央政府：

（a）不得根据本法公开其认为损害印度国家安全利益的可获得专利权的发明或申请的信息；

（b）通过在政府公报上发布通知的方式，采取其认为对于印度国家安全利益所必需的措施，包括撤销专利权。

说明：为本条之目的，"印度国家安全"包括为印度国家安全所必需的下列行为：

（i）有关裂变物质或由此获得的物质的行为；

（ii）有关武器、弹药、战争器具以及为补给军事组织之目的直接或间接进行的其他物资的交易行为；

（iii）战争时期或其他国际关系紧急状况下采取的行为。

**第 158 条　高等法院制定规则的职权**

高等法院可以制定符合本法的、关于本法规定的所有诉讼的行为和程序的规则。

**第 159 条　中央政府制定规则的职权**

（1）为执行本法之目的，中央政府可以通过在政府公报上发布通知来制定规则。

（2）在不损害前述职权的普遍性的情况下，中央政府可以制定规则规定下列所有或任一事项：

（i）专利申请、说明书或附图以及向专利局提交的其他申请或文件的形式和方式；

（ia）管理局允许根据本法第 8 条第（1）款规定提交意见陈述和保证书的期限，根据本法第 8 条第（2）款规定向管理局提交与处理专利申请有关的详细资料的期限和应当提交的详细资料；

（ib）根据本法第 10 条第（4）款但书的（ii）（A）的规定，在说明书中就生物材料保存予以说明；

（ic）本法第 11A 条第（1）款规定不得公开专利申请的期限和该条第（2）款规定的申请人向管理局请求公开其专利申请的方式；

（id）本法第 11B 条第（1）款和第（3）款规定的提交专利申请审查请求的方式和周期；

（ie）本法第 11B 条第（4）款规定的撤回专利申请的方式和自撤销保密指令之日起请求审查的期限。

（ii）根据本法的规定完成任一行为或事项的期限，包括根据本法的规定公布任何事项的方式和期限；

（iii）根据本法应当缴纳的费用及其缴纳方式、缴纳期限；

（iv）有关审查员向管理局提交报告的事项；

（v）管理局审查和处理根据本法第 25 条第（1）款提交的意见陈述的方式和期限。

（va）要求管理局处理本法第 39 条规定的申请的期限。

（vi）根据本法发出通知的形式、方式和期限；

（vii）为保护专利权终止后可能对专利主题进行利用之人而在专利恢复命令中写入的条款；

（viii）专利局分支机构的设立，专利局及其分支机构的一般业务规范；

（ix）专利登记簿的维护和将登记簿保存于计算机软盘、磁盘或其他任何电子媒介中应当遵守的安全标准，以及在登记簿中登记的事项；

（x）关于管理局具有民事法院职权的事项；

（xi）查询根据本法规定可以被查询的专利登记簿和其他文件的时间和方式；

（xii）为本法第 115 条之目的的专家顾问的资格和名单；

（xiia）本法第 117 条第（2）款规定的申诉委员会官员和其他雇员的薪水、津贴及其他服务条件；以及该条第（3）款规定的申诉委员会官员和其他雇员履行职责的方式；

（xiib）本法第 117A 条第（3）款规定的提起申诉的形式、举证方式以及应缴纳的费用；

（xiic）本法第 117D 条第（1）款规定的向申诉委员会提交的申请的形式以及包括的具体内容；

（xiii）政府因为征收发明而支付补偿的方式；

（xiv）本法第 125 条第（1）款规定的专利代理人注册簿的维护和该条第（2）款规定的将该注册簿保存于计算机软盘、磁盘或其他任何电子媒介中应当遵守的安全标准；专利代理人资格考试的实施；与专利代理人执业和操行有关的事项，包括惩戒专利代理人不当行为的程序的启动；

（xv）制作、印刷、出版和销售专利局内的说明书及其他文件的索引和删节本的规范；以及索引、删节本及其他文件的查询；

（xvi）其他应当或可以规定的事项。

（3）根据本条制定规则的权力应当满足在制定规则以前公布的条件。但是，中央政府认为存在致使其实际上不可能按照事先公布的条件执行的情形的，可以不按照该条件执行。

**第 160 条**　向议会提交规则

根据本法制定的规则应当在制定后尽快在议会开会（包括一次会议或两次或多次连续会议）的 30 天期间提交议会两院，并且在前述会议或连续会议之后紧接的议会会议结束之前，两院同意修改该规则或认为不应当制定该规则的，该规则的修正本应当自此有效或自此失效；但是上述修改或者废除不溯及既往。

**第 161 条**　关于根据 1911 年第 2 号法令被视为已驳回的专利申请的特殊规定〔已删除〕

**第 162 条**　1911 年第 2 号法令中有关专利和救济的规定废止

（1）1911 年印度专利和外观设计法中有关专利的规定据此废止，也就是说，应当以清单中指定的方式对上述法令进行修改。

（2）（3）已删除。

（4）本条中所述的具体事项不得对 1897 年普通条款法（1897 年第 10 号法案）关于废止问题的普遍适用产生任何影响。

（5）尽管已有本法的规定，本法开始实施时各法院尚未审结的专利侵权诉讼或撤销专利权诉讼，可以继续适用旧法处理，就如本法未曾通过一样。

**第 163 条**　1958 年第 43 号法案的修正〔已删除〕